建 立 你 的
股票交易准则

十年十倍
增长的奥秘

FIRE投资◎著

中国铁道出版社有限公司
CHINA RAILWAY PUBLISHING HOUSE CO., LTD.

图书在版编目（CIP）数据

建立你的股票交易准则：十年十倍增长的奥秘 /
FIRE 投资著 . —北京：中国铁道出版社有限公司，
2023.5

ISBN 978-7-113-29519-6

Ⅰ.①建… Ⅱ.①F… Ⅲ.①股票交易-基本知识
Ⅳ.① F830.91

中国版本图书馆 CIP 数据核字（2022）第 143529 号

书　　名：建立你的股票交易准则——十年十倍增长的奥秘
　　　　　JIANLI NI DE GUPIAO JIAOYI ZHUNZE：SHINIAN SHIBEI ZENGZHANG DE AOMI
作　　者：FIRE 投资

责任编辑：张亚慧　　　　编辑部电话：（010）51873035　　　　电子邮箱：lampard@vip.163.com
封面设计：宿　萌
责任校对：安海燕
责任印制：赵星辰

出版发行：中国铁道出版社有限公司（100054，北京市西城区右安门西街 8 号）
印　　刷：河北京平诚乾印刷有限公司
版　　次：2023 年 5 月第 1 版　　2023 年 5 月第 1 次印刷
开　　本：710 mm×1 000 mm　1/16　印张：11.25　字数：141 千
书　　号：ISBN 978-7-113-29519-6
定　　价：69.00 元

前　言

本书有些知识可能与其他书籍中所讲述的知识有很大不同，甚至是没有出现过的，与你在网上搜索的答案有可能背道而驰。但是你若想拥有超越市场的投资回报或是看到真实的股票投资的体系化知识，就需要有独特的投资理念和技巧才能成功。

本书的重要之处就在于作者将投资股票二十年的经验和交易系统毫无保留地公开，各种理念和技巧取其精华、去其糟粕，帮助你建立适合自己的交易系统，以期尽快拥有十年十倍的股票投资能力。

市面上的大量书籍都是趋于理论和一门技术，而本书都在讲作者自己的理论和技术。股票市场充满不确定性和复杂性，单一的投资技巧根本无法长期稳定地战胜市场。成功的投资看似一买一卖一持有，但是背后的逻辑非常深，如果你没有足够的知识储备，根本无法掌握其中的关键点。本书就是针对如何低买、如何高卖，给出明确的实操观点；对于基本面选股和技术面辅助，给出简单实用的分析方法；对于投资最需要的风险意识和仓位控制，也给了读者实用的思想。

股票投资是一个非常广泛的话题，"条条大路通罗马"，价值投资、成长投资、趋势投资、量化交易和短线交易等模式都有大量的成功案例。我相信每一位投资者都有自己习惯使用的投资方法，但是艺多不压身，本书的知识可以帮助读者建立起能稳定盈利的投资方法。即使你现在已经有稳定盈利的投资方法，也不妨翻翻本书，其中的很多经验会帮助你使投资系统更加稳定。投资股票本身就是认知提高的过程，知识、经验和技巧懂得越多的人，在这场投资的马拉松中越能跑得久、跑得远。

本书的宗旨是通过原始财富积累，靠投资理财的复利维持生活开销。对于普通上班族来说，财富增长的关键有以下两点：一是积极工作，努力赚钱；二是减少支出，不断积累初始财富，直到达到投资理财的复利可以覆盖以后的支出。

　　一些年轻人没有受过这方面的教育,对投资理财的概念还不是非常理解,喜欢"月光"的生活,不喜欢储蓄和投资。希望本书能对此有所助益,帮助年轻人补上这重要的一课,也请牢记,任何投资都有风险,请慎之再慎。

编　者

2023年1月

| 目 录 |━━━━━━━━━━━━━━━━━━━━━━━━━━━━━━━━━━━━━

第1章

投资股票都应该知道的事实

1.1 普通人应该投资股票吗

1.1.1 没有人不希望自己财务自由

虽然每个人追求的生活目标不同,可能你喜欢周游各地,领略不同的风土人情;可能你喜欢跋山涉水,感受大自然的鬼斧神工;可能你喜欢研究动植物,探讨生命的意义;可能你喜欢读书,增长知识和见闻;可能你喜欢……

如果你想有时间去做自己喜欢做的事情,相对的财务自由是必需的条件之一。也许有些人天生爱奋斗,没有多余的爱好,但是在生活和工作中肯定会遇到很多困难的事情,谁都想在面对困难的时候有能力说不,工作也是为了某种梦想或者目的,而不是单纯地为了生存。很多人觉得实现财务自由是很难的,其实普通人通过努力和合理的投资一样可以实现财务自由。

但是理想和现实却有很大差异,比如拿三四线城市举例,如果你想生活下去,在不考虑买车、买房等大品类支出的情况下,一年至少也得保证有三万元的个人支出能力水平,按照2021年最新查询利率,大额存款三年期普遍在3.5%左右,有一些银行可以达到4%。那么粗略计算,你必须有大概一百万元才能够实现最初级的财务自由。

百万资金对于普通家庭来说,并不是随随便便就可以拥有的财富。年轻人从25岁算起,三四线普通工薪族年薪5万元算起(我觉得年薪5万元对于一个积极向上,努力赚钱的年轻人并不算很多),你需要不吃不喝积累20年的财富才能够实现。即便你攒足了百万元资金,还要面临通货膨胀的问题,20年后大概率三四万元是无法很好生活的。即使不考虑通胀,你也不具备大笔支出能力,如果你要面临结婚、生子、换房、意外、医疗等，你可能会无能为力。所以，从理论上来讲，普通人单纯地实现财务自由是不太可能的，所以你想更早地迈过财务自由的门槛，并且以后也能更好地生活，就需要具备更专业的投资知识，只有投资才能帮助你实现梦想。

普通年轻人如何实现资金从零到百万元，本书主要想传递的思想和方法：一是努力工作，赚取财富；二是控制欲望，减少不必要的支出，积累财富；三是坚持投资，让资金复利成长，像雪球一样滚起来。投资的方法和渠道很多，但是股票投资是目前门槛最低，相对公平和安全的投资渠道之一，本书所传授的投资知识和技巧也以股票投资为主。假设从24岁开始，每年投入20 000元进行投资，投资复合年化做到20%，所获得的收益如下表所示。

年　　数	每年投入20 000元本金（元）	复利增长20%（元）
第1年	20 000	24 000
第2年	44 000	52 800
第3年	72 800	87 360
第4年	107 360	128 832
第5年	148 832	178 598
第6年	198 598	238 318
第7年	258 318	309 982
第8年	329 982	395 978
第9年	415 978	499 173
第10年	519 173	623 008
第11年	643 008	771 610
第12年	791 610	949 932
第13年	969 932	1 163 918
第14年	1 163 918	1 400 000
第15年	1 400 000	1 680 000

通过上表计算，可以算出通过12年就可以获得百万元资金，而且以后在每年不需要额外支出的情况下，通过投资也可以获得非常不错的投资回报，完全可以

随着年限增长进行一些大型的支出,让你的自由生活过得更加充实。

但是我们要注意一点,这是基于理论,现实中很多人的工资收入比我们理论值要高得多,每年可投入的资金也比我们计算得多,还有些投资者可能赶上好的市场环境,年化收益率远比理论计算的要高,这都可以极大地提高我们财务自由的速度和质量。

最为关键的问题来了,如何才能做到年化20%的投资回报,正常银行利率和国债利息连4%都难以达到,20%不是痴人说梦吗? 本书的内容就是帮助你获得年化20%的股票投资知识和技巧。

1.1.2　从零就可以开始

很多人认为投资是相对富裕人群的事,自己赚的钱连开销都不够,还谈什么投资呢? 但是我认为普通人也应该坚持投资,投资或许可以实现你的梦想。国内外有很多传奇投资者都是从几万元甚至几千元开始投资的。投资是一场马拉松,你只要坚持跑下去,总有一天会到达你想到的终点。

博多·舍费尔的《财务自由之路》指导投资者7年赚了1 000万美元。其内容不是激励学,也不是财商教育,但是这些思想和认知是每个投资者都应该去学习和了解的,这是股票投资的前提条件。我也强烈呼吁读者首先要去学习基础的财商教育课程,了解资产和负债对你生活的影响。

这里对于资产和负债只做简单的说明,资产就是一只会下蛋的"鸡",每天为你创造财富,也就是"蛋"。负债就相当于是在剥夺你的财富,很多人对负债不以为然,最终破产。财务自由是资产大于负债,所以要做好投资,必须减少负债,甚至不要承担负债,只有这样才能保证拥有足够的现金流,然后把充足的现金流用于投资,通过投资再产生现金流,这个反复的过程会使你的资产越来越多,最终实现财务自由。如果你年轻有活力，有赚钱的需求，可以通过多种渠道赚取资金，然后缩减开支，延迟享受，坚持投资，通过复利实现财务自由，现实中这种案例是非常多的。

本书提倡和鼓励的观点就是越普通的人越要努力赚钱，尽可能地把钱用来投资，让钱像雪球一样滚动起来。如果你本身就有一定的财富基础，那再好不过了，因为本书最主要的内容不是财商和激励，而是针对股市投资给出一套指引、系统和方法，帮助你建立自己的股票交易准则。

我们要明白，博多·舍费尔的《财务自由之路》不可能让每个人都实现7年赚1 000万美元的梦想或者目标。这本书也不可能让每个人都能通过股票投资实现财务自由，股票投资的本质是认知能力的提升，股票投资需要包含的知识远不止书中的内容，股票投资需要一个多元化思维模型来进行思考和判断，你需要学习更多的知识和技巧来应对不同的市场环境。芒格曾经说过："你必须拥有多元思维模型——因为如果你只能使用一两个，研究人性的心理学表明，你将会扭曲现实，直到它符合你的思维模式为止。"所以本书不仅要传授笔者自身的经验，更多地也是在总结和传授其他"大师"总结和流传下来的思想、知识和技巧，毕竟站在巨人的肩膀上才可以看得更远，学习别人的知识和经验远比自己"闭门造车"更加快捷和有效，最终的目的还是丰富你多元化思维的模型，提高你的认知能力，最终实现股票市场的盈利。

每个投资者的投资回报曲线是完全不同的，这是因为每个股票投资者对股票投资的热爱程度、学习能力不同，愿意为之付出的时间和精力也不同，还有运气成分，都会影响每个人的收益率不同，所以投资完全是一个个人行为，没必要和别人攀比收益率，别人收益率多少和你一点儿关系也没有。投资者需要做的是更多地阅读和学习，从本书及其他书籍中尽可能多地了解股票投资的知识、经验和交易技巧, 提高自己的认知度, 最终建立自己的交易系统和正确的投资方法, 这个系统还需要根据自身的特点去不断完善, 最终找到最适合自己的投资策略和交易准则。有的人可能适合巴菲特式的价值投资, 有的人可能适合趋势投资, 有的人可能更适合塔勒布的杠铃策略或者达利欧的全天候策略, 投资大道千万条, 找到属于自己的那条路就可以了。我自己更倾向于把所有的投资理念和技巧都学会, 靠多元化思维模型来进行股票投资和交易。

只要你坚定信念, 那么你一定会成功, 我见过非常多的普通投资者都在这条路上走得非常远, 虽然每个人的投资理念和交易模型都不同, 但是最终都实现了自己的目标。

1.1.3 人人都应该投资股票

彼得·林奇曾经忠告投资者买股票是最好的投资。如果你希望明天有更多的钱, 你就必须把一部分钱投入股票中, 投资股票的最终回报远高于债券、银行利息和其他有价证券。

很多人认为股市是一个零和博弈的游戏, 个人认为这是错误的认知。股票的本质是公司的股权, 随着公司的发展, 股权是有内在价值增长的, 所以股市也是一个正和博弈的游戏。股票市场是一个相对公平的博弈市场。很幸运赶上了经济腾飞, 股市作为经济的晴雨表, 我们完全可以通过股市来分享经济增长的红利, 通过科学合理的投资方式获取我们的回报。

那么之前提到最关键的问题, 年化20%的投资回报如何才能做到, 这不是"股神"才能做到的吗? 巴菲特复合年化也不过20%, 优秀的基金经理年化30%左右已经几乎达到天花板了, 其实很多人对股票投资的回报率有很大的认知误区, 机构受限于资金规模和政策、法规, 所以导致众多大师级别的收益率一般也只能处在20%~30%。但是, 散户小资金有很多天然的优势, 比如打新收益, 有人网上发布过统计，20万元资金量在运气好的新股上就能达到15%左右的收益率了。散户在投资初期，可以通过工作保证现金流充足，在相对底部可以择时补仓和加仓，每年的工资和奖金都可以为股市资金及时输血，这一点是非常重要的。最重要的是资金少，个股进出随意，大资金面对市场极端行情是想进进不去、想出出不来。

其实巴菲特早期的投资成绩都在年化30%以上，很多投资大师的年化都做到了30%以上，而且他们是基金运作，基金因为受到资金规模的影响，所以很难做到非常高的收益，但是个人的资金非常灵活，完全可以做到更高的收益回报。

彼得·林奇曾经在书中写道："业余投资者有很多天生的优势，这使得他们有可能表现得比专家还好"。

所以，我们要放开眼界，不要用传统的、保守的、理财的年化回报率来衡量股票投资的年化回报率。国内散户也有非常多的投资者达到了年化20%以上。他们都有各自一套投资和交易模型，但是他们很少拿出来分享，或者分享出来的都是不完全的、碎片化的思想和理论，这些片面的思想和理论很容易误导投资者。本书的内容和价值就是结合笔者自身的经验和总结大师流传下来的思想，尽可能地讲述一套完整的投资理念和交易系统，帮助你建立自己的操盘理论或者投资方法、准则，以达到稳定的投资回报。

1.2　股票投资的真相是什么

1.2.1　股票投资既不神秘也不激情

真实的股票投资一点儿也不神秘和激情，反而枯燥乏味。股票投资只是一套交易准则、策略和理念组成使人获得资产增值的计划而已。按照目前最流行的术语，股票投资就是认知提升的一个过程。

1.2.2 股票的背后是企业

股票之所以长期来讲是正和博弈，是因为股票的实质是上市公司的股权。上市公司经营正常的情况下，每年都在为股东创造着价值，优秀的公司在特殊时代背景下创造的价值是无法想象的。十几年前，苏宁、国美、万科等就创造了百倍、千倍的价值，互联网时代的腾讯和阿里巴巴，近几年的宁德时代、阳光电源等新能源企业都为股东创造了丰厚的回报，所以，在不同的时代选择正确的企业是获取丰厚回报的关键。当然，过于被投资者追捧的企业股票在赚钱的同时也在孕育着巨大的风险，因为这背后还包含着时代的变迁风险，企业的估值和预期风险、资金博弈风险、政策风险等一系列未知的风险。所以，股票投资并不能简单地理解为买入公司股票就能获利的单一投资思想理念和方法。

1.2.3 股票投资的回报来自哪里

1. 企业利息回报

上市公司每年都会有分红，有些经营稳健的公司由于不受市场追捧，股价不高，不过分红率仍然高于存款利息，投资者可以通过投资这类公司赚取稳定的高额分红。

【实战案例分析】

富安娜每年的营收非常稳定，分红也非常稳定，分红率高达5%以上，如果未来盈利能力不断提升，在股价不涨的前提下，用不了几年分红率就会高达7%了，如果股价大涨三倍后分红率降低了，投资者可以从股价的变动上赚取更多的回报，下图是富安娜多年的营收情况和分红情况。

按报告期	按年度	按单季度					☐ 显示同比
科目\年度	2020	2019	2018	2017	2016	2015	≫
成长能力指标							
净利润(元)	**5.16亿**	**5.07亿**	**5.43亿**	**4.93亿**	**4.39亿**	**4.01亿**	
净利润同比增长率	1.89%	-6.72%	10.11%	12.40%	9.42%	6.55%	
扣非净利润(元)	4.82亿	4.37亿	4.90亿	4.60亿	4.09亿	3.80亿	
扣非净利润同比增长率	10.33%	-10.88%	6.68%	12.33%	7.81%	5.50%	
营业总收入(元)	28.74亿	27.89亿	29.18亿	26.16亿	23.12亿	20.93亿	
营业总收入同比增长率	3.06%	-4.44%	11.55%	13.18%	10.46%	6.24%	

报告期	董事会日期	股东大会预案公告日期	实施公告日	分红方案说明	A股股权登记日	A股除权除息日	分红总额	方案进度	股利支付率	税前分红率
2021中报	2021-08-21	--	--	不分配不转增				董事会预案		
2020年报	2021-04-27	2021-05-19	2021-05-31	10派5元(含税)	2021-06-07	2021-06-08	4.14亿	实施方案	80.65%	5.61%
2020中报	2020-08-25	--	--	不分配不转增				董事会预案		
2019年报	2020-04-28	2020-05-20	2020-06-04	10派5元(含税)	2020-06-11	2020-06-12	4.22亿	实施方案	81.97%	6.46%
2019中报	2019-08-23	--	--	不分配不转增				董事会预案		--
2018年报	2019-04-10	2019-05-06	2019-05-09	10派5元(含税)	2019-05-14	2019-05-15	4.30亿	实施方案	76.92%	6.02%

2. 从业成长回报

经营正常的公司每年都会为股东创造价值, 企业在它成长的过程中, 股价也会跟随企业的价值而提升, 这也是成长投资的核心。

【实战案例分析】

贵州茅台净利润从下图可以看到, 从2009年40多亿元增长到2020年460多亿元, 股价也从100元最高涨到2 600多元, 如果算上分红, 增长回报率更高。

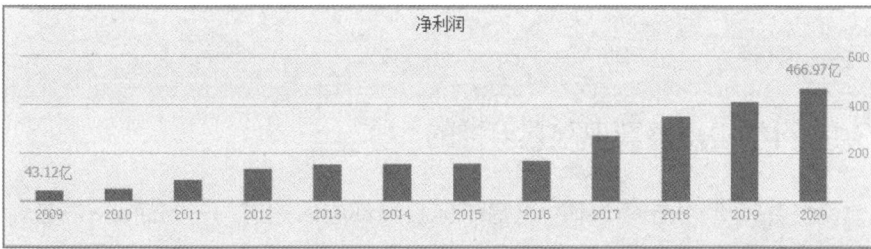

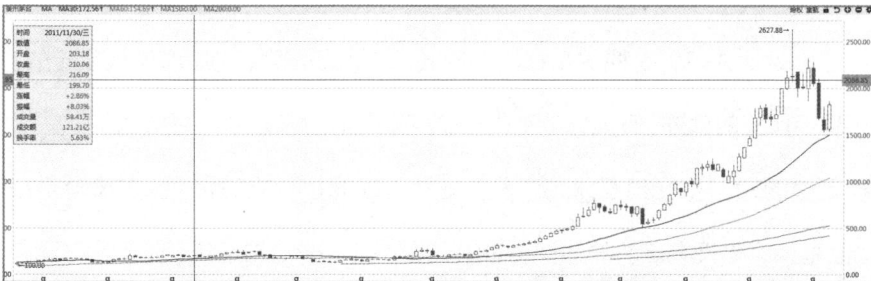

3. 市盈率变化的回报

股票价格＝每股收益×市盈率。每股业绩代表公司每年的价值，股票波动的幅度是市盈率的变化，所以也有投资者把价值以外的波动称为市盈率的变动。

比如，贵州茅台在2009年每股业绩4.57元，股价在150元左右，市盈率是30多倍，在2020年每股业绩37元，股价在1 900元左右，市盈率是50多倍，甚至在2021年初股价一度涨到2 600多元，市盈率高达60多倍。

市盈率的变化是除去企业成长以外价值的回报。

4. 真实的回报

从上面三种理论回报可以看出，真正超额的回报究其根本来自股价的上涨幅度，也可以理解成市盈率的变化，同样，风险也来自股价的下跌，本书阐述的观点就是通过简单、实用、明确的方法和准则来科学、系统性地把握住股价上涨，同理，也系统地回避下跌风险。

1.3 投资股票风险有多大

1.3.1 科学投资股票风险是可控的

投资有风险，入市需谨慎，这是任何股民都应该知道的一句话。一位著名投资家曾经说过一句话："投资本身没有风险，失控的投资才有风险"。

这就好比你开着可控的车在路上行驶，正常的情况下是没有任何风险的，除非出现不可控的意外，假如你的车失控了，那么风险是肯定存在的。投资也一样，你有足够的知识和交易系统，那么投资从长远的视角来思考，投资风险是很低的，但是如果你没有足够的知识，没有成熟的交易准则和系统，那么就好比开着一辆失控的车在路上行驶。

没有人否认股市充满了危机，但是股市的本质都是实实在在的企业，我们用科学的方法完全可以控制风险，股市的风险在于那些不懂风险、不做风控、没有交易准则的投资者，只要我们掌握正确、科学的交易准则，坚守操作准则，是可以降低投资风险的。

关于风险的意识和控制也是本书的重点，后文会从交易中给出风险来临前的卖点如何去把握，财报中如何防范可能"爆雷"的公司，风险意识的学习和风险控制的方法都会逐一讲解。

1.3.2 贪婪是风险的原罪

投资最大的风险来源于人性中的贪婪。巴菲特曾经说过一句至理名言："在别人贪婪时恐惧，在别人恐惧时贪婪。"

股市的波动是无法避免的，人性中贪婪的问题往往会在波动中暴露出来，当股市下跌时，很多人会忍受不了，最终在底部交出了筹码。同样在股价持续上涨的过程中受不了诱惑去高位接盘，这是导致投资亏损最根本的原因。所以，我们在投资过程中要做到两点：第一点是理性克服人性中的弱点，客观面对涨跌，有逆向思维的能力；第二点是我们要理解人性很难克服，要用科学的方法来控制波动，避免挑战人性，面对持续的下跌，任谁都无法坦然面对。

因为每个人的性格不同，对风险的厌恶程度也会不同，每个人面对危与机的把握能力也不同，这是正常的。不能因为自己面对下跌恐慌就认为自己不适合投资，这是正常的心理反应，可以通过策略组合和仓位控制的技巧来平缓波动，避免波动过大挑战心理底线。

1.4 投资股票最正确的理念是什么

1.4.1 基本面分析是最好的投资理念吗

在股票投资者中，最受欢迎的投资理念当然是价值投资，价值投资来自格雷厄姆。他教会人们要去研究股票背后企业的价值，通过低估的价格买入，等待价格涨起来卖出。后面又有人提出了成长投资的理念，即买不到过于低估的股票就买入优秀的企业，通过企业的成长来获取回报，这些理念都属于基本面分析的范畴。

基本面分析我用最简单的一个概念来描述，就是抛开价格不谈，所有对企业的分析都可以算是基本面分析，包括但不限于企业的财报分析、营收、利润、管理层、股东结构、行业属性、公告、消息、政策环境、景气度等诸多方面。

很多投资大师通过基本面分析取得了非常大的成就。要想投资好股票，基本面分析能力是一门必修的课程，每个投资者都需要下功夫去学习和研究。但是，单纯地依赖基本面分析就可以选出好的股票吗？

很多投资者利用基本面分析能力深入研究公司，认为掌握了大量的数据和资料就可以掌控公司的未来发展动向，可以预测出未来的收益和回报，这是一个根本性的错误，而且这种认知对股票投资有时候会非常危险，因为我们所了解的信息永远不会是全面的，永远是过去式的，永远赶不上动态的变化，单纯依靠基本面投资的人，幸存者偏差的成分是非常大的。在这个世界中，有基本面持续变好改变人生的，也有基本面慢慢变差亏损惨重的。其实这只是幸存者偏差带来的错觉，和买彩票没什么区别，大多数人随着时间的流逝，公司的高速发展时代过去后，这些投资者凭运气赚取的钱都有可能还回去。

因为基本面分析不是用来预测股价涨跌的，而是让你对股价上涨做到心中有数，下跌时不要恐惧和迷茫。很规律的一个现象，股票价格涨得越好，基本面也会越变越好，基本面越变越好又会支持股票价格越涨越高。反之亦然，股票价格越跌，基本面后期就变得越差，估值越跌越低，这个现象很少有违背的，市场称这种现象为聪明的资金（该现象背后的逻辑不在本节讨论的范围，不做赘述）。

【实战案例分析】

格力电器2021年从高点跌去40%左右（见下图）。格力电器作为人人皆知的空调龙头，市场的大白马股，深受投资者喜爱。2021年一季度财报利润增长120%，半年报利润增长48%。

索菲亚，定制衣柜第一品牌，利润年年稳定增长，股价却跌了60%（见下图），2021年一季度利润增长8倍也无法阻止股价走上"熊途"。

我们可以从以上案例看到，企业在高位时从基本面分析来判断，投资者很难

看到股价要持续下跌的理由，都是股价在下跌后会慢慢发现基本面的问题。同样，我们也能发现大量的案例在股价初期启动时，基本面没有过多的信息显示股价要上涨。所以，基本面要配合操盘的准则来使用才能发挥它的巨大作用，后面会具体讲解基本面分析的方法和操盘的准则。

价值投资理论不是一项技术，而是一种对生活的态度，一种投资哲学思维。投资的本质是认知提升的过程，但是认知绝不是单一的仅指基本面，而是全面的系统性的认知，不能根据你所观察到的基本面情况来当成对股票的认知。我们每个人的认知是有限的，西蒙斯曾经说过这样一段话："如果你做基本面交易，那么某一天当你醒来时，你可能会发现自己是个天才，你的头寸总是朝有利于你的方向发展，你觉得自己很聪明，你也会看见自己一夜之间赚很多钱。然而第二天，所有的头寸都朝着不利于你的方向走，你觉得自己像个傻瓜。"

1.4.2 技术分析是制胜"法宝"吗

现实中无法依赖基本面进行股票投资，基本面无法预测股价的运动，那么很多技术分析师可以通过图表和指标战胜市场，我们是否也能纯粹靠技术分析获取到稳定的超额收益，我的答案同样是不能。

对于纯粹的技术分析，投资者会认为股价的运行不仅包含基本面的信息，还包含资金的博弈和其他投资者心理的预期，反映出一个综合的状态，所以把技术研究好就可以百战百胜了。

我不否认很多经验丰富的投资者通过技术分析获取到了惊人的回报，但是这些现象级的天才人物不是本书倡导和鼓励的，本书所倡导的是相对简单易懂的股票投资交易方法，讲的是人人都可能成功的方法。

技术分析和基本面分析一样有个致命的弱点，就是滞后，想通过技术分析来预测股价的涨跌，就需要大量的市场经验，再好的棋手也有预测错误对手棋路的时候，靠经验投资很难保持稳定的超额收益。而且纯粹的技术分析犹如空中楼阁，没有地基，你永远不知道这栋楼什么时候会轰然倒塌。对基本面没有充分了解的交易，操作错误率会非常高，遇到极端行情会导致你心态失衡，从而引发技术变形，做出不应该的操作。比如股市当天有利空消息，整体环境不好，股票跌破止损位，如果你对公司有充分的了解，就有把握当市场消化利空后，股价仍然会按照原定计划进行上涨，但是你对基本面不了解，可能就会把股票杀跌在最低点。这次下跌就是因为整体市场利空造成的，并非个股的原因。

1.4.3　最好的投资理念应该是什么

巴菲特用价值投资一度问鼎世界首富，这是投资界人所皆知的事情，巴菲特最擅长的投资理念和投资方法就是价值投资并且长期持有。巴菲特早期是全靠技术分析投资的，投资回报率一般，后来他师从格雷厄姆，学会了价值投资理念，价值投资方法仿佛就是为巴菲特量身定做的投资理念，巴菲特最终走出了自己的道路，年化后期做到了稳定的20%左右的增长。巴菲特的故事大家都非常熟悉了，对价值投资理念很多人都当成主流思想了。为什么呢？下面我们来看看其他投资"大师"成功的方法和成绩。

彼得·林奇也是大家熟知的优秀基金经理，2013年的年化复利回报率高达29%，富达麦哲伦基金的规模增长到90亿美元。很多人都把彼得·林奇归于价值投资体系的，我不反对，但是我认为彼得·林奇和巴菲特是完全不一样的投资风格。巴菲特喜欢相对集中的投资，但是彼得·林奇喜欢分散投资。巴菲特喜欢读财报，彼得·林奇喜欢到处去调研，巴菲特喜欢长期持有，彼得·林奇说一天交易上千次，他的书中还写了很多长期持有家喻户晓的大白马股的回报率并不高的案例，当然，他并不鼓励投资者高频率交易。巴菲特喜欢投资能力圈内的股票，彼得·林奇喜欢常识投资，比如看到孩子用的苹果电脑，妻子常去的商场就会考虑投资，当然他也举例说了最喜欢吃的甜甜圈的失败投资案例。巴菲特喜欢深度研究后重仓买入股票，彼得·林奇喜欢见股就先买入，然后慢慢确认和深度了解。完全不一样的投资方法，但是取得了完全不逊色的投资成绩。

我们应该用什么理念来战胜市场呢？每个人都希望得到一个确定性的答案，遗憾的是没有任何一种投资理念可以确定性地帮助你战胜这个市场，这个问题我思考了很多年才领悟到，投资是个非常广泛的话题，赚钱的方法和路径有无数种，每个人都觉得自己的方法是最正确的，其实都不是，最好的理念就是尽可能地了解到更多的理念融会贯通起来，找到市场规律，发现能够长期稳定获取超额回报的方法，然后建立自己的交易准则，严格执行。

所以，最好的投资理念是建立适合你的投资理念，完全去抄袭一个人的理念是很难取得成功的，投资的本质是认知表现的过程，尽可能地提高自身的认知能力才是最终获取成功的关键。

认知提高的过程，一是观察和学习别人的成功和失败的过程。所以本书更多的是讲解"巨人"们留下的宝贵知识和笔者自身的经验，通过这些知识来提高你的认知。二是通过自身的经历进行合乎逻辑的推演。每个人的经历和知识架构不同，导致认知的偏差非常大，大多数时候是无法评定对与错的，任何事物都有正面和反面，我认为对你的投资体系是有帮助的，那就是正确的。

如果你不懂得价值投资，也不会看财报，那么你可能不会找到好企业的股票；如果你不懂成长投资，你可能不懂为什么有的股票会不停地上涨；如果你不懂技术分析，你可能在错误的时机买入了正确的股票；如果你不懂仓位控制、没有风险意识、没有交易准则，都可能会让你的投资充满风险，极大地降低你的股票投资成功率。

1.5　开始做准备，然后滚雪球

1.5.1　你必须知道复利的秘密

复利的威力巨大，但是投资中讲的复利和故事中的复利是有区别的。投资中讲的复利有两个关键的点，首先是时间，越早开始投资就越早受益，假如你每个月拿出1 000元来投资，比别人先投资十年，这种优势是后期同级别投资者很难超越的。巴菲特被人们所熟知，并不是因为他的投资能力无人可比，最重要的一个原因就是他极早就开始投资股票，11岁时就买入自己人生中的第一只股票。

除了时间外就是投入的本金，可以想象前者投入100万元年化20%一年也能赚20万元，如果后者只投入20万元，即使做到30%的年化，盈利也远低于前者。我们应该尽可能多地投入本金，本书默认的知识讨论和系统准则都是全部资金投入，所以风险控制是首位，盈利是次要，这才是把复利的威力通过时间完全地展现出来。巴菲特能成为世界首富的原因除了投资时间久之外，还有非常重要的一点就是对本金非常重视，巴菲特开设公司起步的资金是普通人一辈子无法跨越的高度，有钱也从不浪费，一生勤俭节约，把资金都用在投资上，风险始终放在第一位，多次分享投资经验都是保护住本金。我也认为这是非常重要的一点，如果你连自己的本金都保护不了，想在投资的路上走得远是很难的。

1.5.2　做好心理准备

股票投资虽然是最好的投资项目，但是我们要清楚，股票投资的收益不是线性的，而是波动性的，而且在投资生涯中肯定会遇到系统性的风险，短期波动会非常大，这对人性会有非常大的挑战，所以，我们在投资前一定要做好心理准备，我们随时可能迎接暴跌，金融心理学有个经典的理论，损失的痛苦远大于获利的喜悦。也就是说，你赚取到十万元钱的喜悦远远赶不上再失去这十万元钱的痛苦，虽然从本质上来说你并没有失去金钱，但是你内心会非常痛苦和难受。所以投资股票的你必须做好心理准备，你可能会经常承受这种心理痛苦，那是正常的心理状态，你要提前有所准备。当你用正确的心态去面对时，就可以适应股市波动带来的情绪波动，通过整体的回报率来提高自己的满足感。这就好比大家都知道读书很苦，但你用积极的心态去阅读，就会用学到的知识填补自己的知识库，这其中的满足感只有阅读者才能体会。

1.5.3　信念激发你成功

我们有钱不去及时享受，还要长期承受资金波动带来的压力，还要花费时间去学习知识，去研究股票。我为什么要投资呢？这个世界上没有哪个冠军是随随便便成功的，台上一分钟，台下十年功，没有付出就没有回报。你觉得人们是崇尚冠军，还是普通人？

每一个成功的人背后一定要有信念在支撑着他，否则他也无法坚持下去，你也需要有信念来支撑着你。普通人的致富渠道，我觉得很少有像股市这么公平的竞争环境了。你需要有在股市可以取得成功的信念，才能激发你去成功的心。

如果你一切都了解了，也做好准备了，那么我们就开始学习股票投资知识，知识是永远也丢不掉的财富，让我们开始"滚雪球"吧。

第2章

五阶段理论

2.1 五阶段理论是什么

2.1.1 五阶段理论从何而来

五阶段理论是我在投资股票和波浪理论的实战中自创的一套理论,比波浪理论更简单、更直观、更有实战价值。

波浪理论在复盘历史走势中是能解释一切涨跌的。但在实战中,由于"只缘身在此山中"的缘故,投资者往往无法认清自己到底处在什么浪中,因为波浪理论可以分为9个层次,在浪套浪的过程中,投资者很容易混淆,比如股价回调,投资者很难判断是哪层的二浪回调,还是A浪下跌。

波浪理论在面对股价底部长时间的宽幅震荡也无法给出很准确的定位,在实战中也很难数清完整的八浪循环。五阶段理论可以把这些问题都解决,我们知道了五阶段理论从何而来,下面我们就进一步学习五阶段理论。

2.1.2 五阶段理论的介绍

第一阶段,底部横盘震荡筑底阶段,也可能是大牛股在半山腰重新打地基的阶段。

第二阶段,从底部开始震荡上涨,突破阻力位的阶段,或者可以理解成波浪理论的一浪和二浪往三浪过渡的阶段。

第三阶段,突破底部以后开始加速上涨,趋势形成,可以理解成波浪理论中的主升浪,也就是三浪。

第四阶段,股价在高位上涨开始减速,逐渐形成底部,体现为M顶或者可以理解成波浪理论的五浪冲顶和 A、B 浪区间的宽幅震荡阶段。

第五阶段，股价呈现下跌阶段，也就是人们常说的 C 浪下跌，是最具杀伤力的下跌行情。

2.1.3　为什么要了解这五个阶段

了解这五个阶段后，聪明的你一定发现超越大众投资回报的秘密，那就是我们理论上如果只做第三阶段，那么投资的回报为十倍、百倍甚至是千倍都完全有可能。但是我们也应该理性地认识到，实战中这是不可能的，我们能做到在第二阶段找到买点，第四阶段找到卖点，实现"低买高卖"就完全可以实现超越大众投资回报的水平了。

那么问题来了，低买高卖是投资股票中最耳熟能详的一句话，这个五阶段理论能做到吗？后面我会详解五个阶段中我定义和明确买点和卖点的方法，用这个理论来帮助你真正地实现低买高卖。

2.2　五阶段理论的特点和实战意义

2.2.1　第一阶段的特点和实战意义

第一阶段我对它的定义是从第五阶段下跌后，形成一个底部的阶段，这个阶段的特点是 30 日均线和 60 日均线开始反复交叉，150 日均线开始从向下的趋势逐渐平行化，量能开始萎缩，消息面趋于平淡。

这个阶段一般估值会得到大幅度修整，显得估值非常合理甚至低估，价值投资者在这个阶段会非常兴奋，但是实战经验告诉我，尽量不要在这个阶段初期轻

易出手,很多人去赌这个阶段会很快结束,实战中却往往不能如愿,过早地进入风险主要有以下几点:

(1)股价横盘宽幅震荡时间非常长,资金使用效率非常低,全年都没有好的回报,持股体验非常差,从金融心理学来讲,绝大多数人都在未来股价开始上涨后卖出,也就是在第二阶段获利了结。

(2)当趋势开始向下时,风险可能没有释放完,股价在震荡后还会有进一步探底的可能。我们要敬畏市场,市场不会因人的意志而运行,不是你觉得估值合理,股价就一定不会下跌,也许你觉得已经跌到地板,其实还有地下室。很多老手都是倒在了抄底的路上。

(3)当我们抄底后看好的逻辑发生变化,比如我们看好产品涨价,结果产品需求过剩价格暴跌,或者原材料大涨导致利润暴跌,都会导致股价越跌越贵,这也是损失最厉害的一种可能。

【实战案例分析】

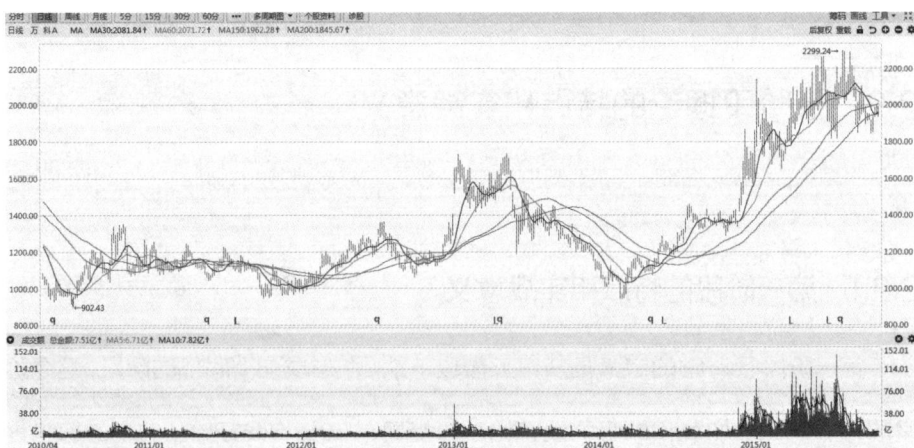

上图是万科2010年4月到2015年10月历时五年半的K线图,我们从图中可以看出,股价冲高回落下来形成底部区间,按照我们的一阶段定义,在2010年底和2011年初30日均线和60日均线反复交叉,150日均线从下跌趋势开始平行,正

式进入我们定义的第一阶段,我们如果这时开始布局,那么会经过长时间的持股,直到2014年2月底才形成真正的底部,在这三年多的时间,资金使用效率非常低。

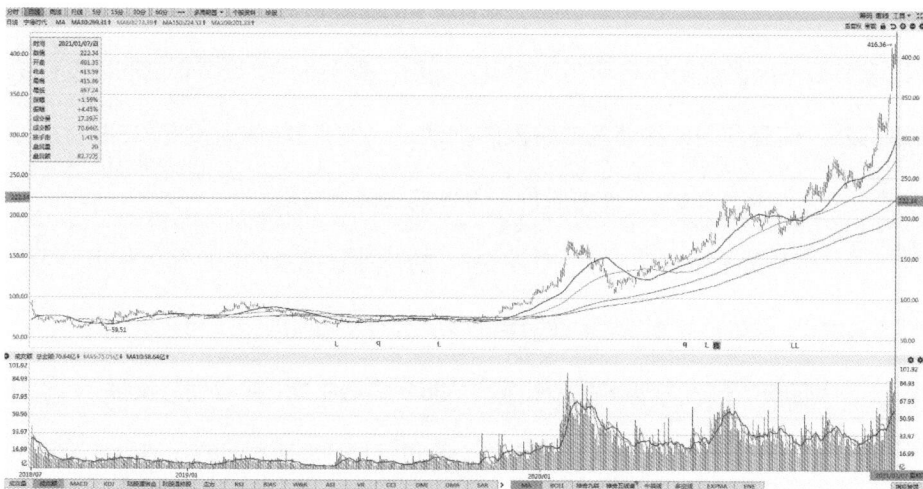

上图是宁德时代2018年7月到2021年1月的日K线图。我们从图中可以看到宁德时代已经过长时间的调整,均线都缠绕在一起,进入第一阶段,于2019年11月开始一次向上突破的行情,如果我们过早买入的话,也会经历持股长达一年的时间才开始缓慢启动行情,当然,任何时候买也没错,但是我们这里讨论的是理论上最佳的买卖点,因为在当时谁也不知道何时启动、在哪里启动,我们这套系统会一直跟踪到它结束。

2.2.2 第二阶段的特点和实战意义

股价经过第一阶段的调整,30日均线向上突破60日均线,150日均线向上突破200日均线,股价站稳200日均线上方,四条均线开始呈现多头排列的态势,股价从底部向上突破,量能增大明显,业绩预期开始爆发,利好消息不断,我们在这个时候要开始寻找和等待买点,这波上涨就是典型的波浪理论中的一浪上涨,往往会伴随着二浪回调,可能会形成W底,我们可以借助上涨过后的缩量回调阶段开始建仓买入。如果股价顺利进入第三阶段，我们就可以跟随趋势获取超额收益，资金使用效率也非常高。第二阶段我们要注意的事情如下：

（1）如果有仓位，在第二阶段不要轻易卖出，因为这时是行情开始启动的阶段，我有很多案例都是在启动初期卖出以后踏空整个机会。没有仓位的话要择机低吸买入，但是我们要注意第二阶段的确认，一要看量能放大没有，二要看预期业绩有没有大幅度增长，三要看股价是否真实突破阻力位。

（2）强势的个股底部启动往往不会形成W底，在缩量回调后择机积极买入，在第二阶段，趋势开始形成，即使错误的买点也比其他阶段买入正确得多。

（3）有的个股因为基本面不扎实，可能会趋势中断，或者趋势反复，我们在选择个股时，一定要选择基本面扎实的个股进行操作，基本面的强势才是股价长期强势的原动力，基本面的分析我后面会详细讲解。

【实战案例分析】

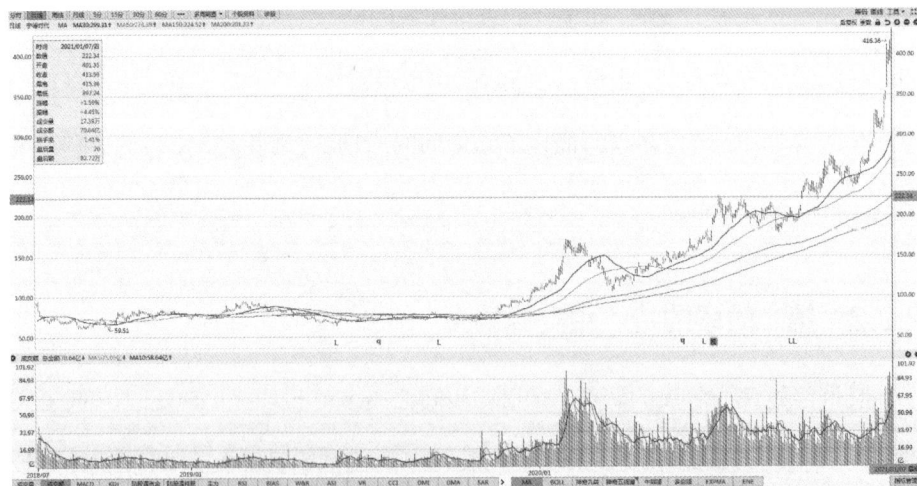

上图是宁德时代2018年7月到2021年1月的日K线图。股价从底部突破后呈现均线多头排列，量能放大，然后股价如预期般缩量回调，在这一期间买点非常多，我们可以在2019年12月股价突破后横盘时期买入，当然在2020年3月20日股价二

浪调整, 量能急剧萎缩时低吸买入更佳。

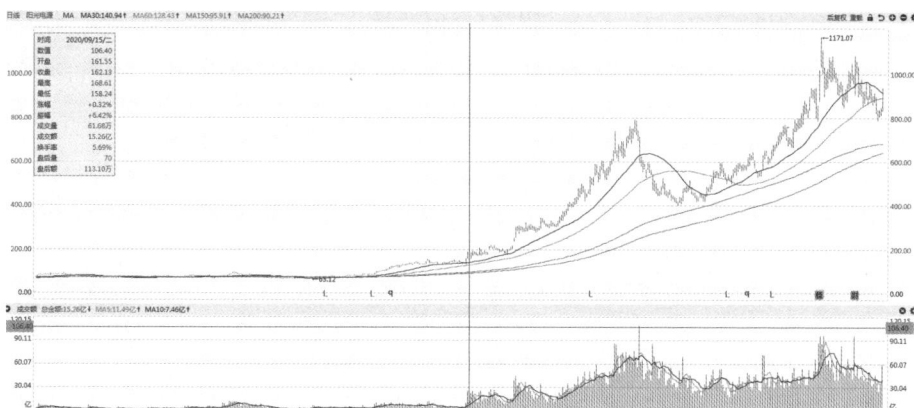

上图是阳光电源从2019年8月到2021年9月的日K线图, 我们从图中也可以看到股价从底部横盘后于2020年6月开始进入第二阶段, 进入第二阶段后股价也有一个缩量盘整的时期可以买入, 在第二阶段错误的买点也比其他阶段正确的买点重要。

2.2.3　第三阶段的特点和实战意义

第三阶段的重要特征是150日均线上穿200日均线后形成多头排列态势, 开始向上进攻, 我把这定义为趋势, 只要这两条均线与长期趋势线不平行, 我就定位在第三阶段, 在这个阶段, 往往股价加速上涨, 业绩开始持续释放, 利好不断, 投资者在这个阶段是赚钱最快、最多的时期, 超额的收益也会在这个阶段完成。有些股票涨幅越大估值反而会越便宜, 这个阶段需要注意的事项主要有以下几点:

（1）关注趋势线有没有变化, 基本面是不是保持向好, 主要趋势如果能一直保持, 就一直持有。

（2）有的股票涨幅速度过快, 估值会变得非常高, 这时候需要忘记估值, 疯狂会让估值系统崩溃, 当你觉得估值很高的时候, 研报给的估值更高。

（3）如果股价离150日均线过远, 有很高的概率会回调, 回调幅度根据股票的基本面不同而不同，投资者在加速冲顶，量能股价创新高时可以考虑减仓，锁定利润，控制回调波动，任何时候的落袋为安也不能算错误的事情，尤其是在赚得盆满钵满时，主动权已经完全在自己手中，减仓后回落补仓也可以，重新寻找下一只潜力股票也可以。

【实战案例分析】

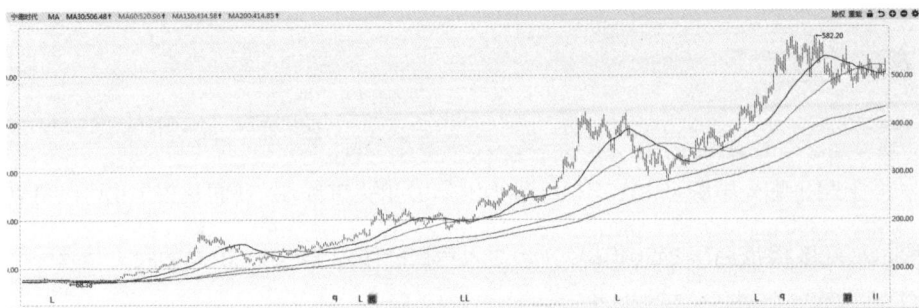

上图是宁德时代2019年8月到2021年10月的日K线图，宁德时代进入第三阶段后一直保持趋势上涨，图中有几次股价离150日均线过远时遭受抛压，等股价回落或者等待150日均线跟上来时，股价重新启动上涨，目前仍保持在趋势中，投资者可以选择在之前高位减仓，等150日均线上来继续补仓，但是我们要注意股价已经涨了六倍，股价持续上涨需要有基本面配合，也要防范趋势逐渐被打破，进入第四阶段。

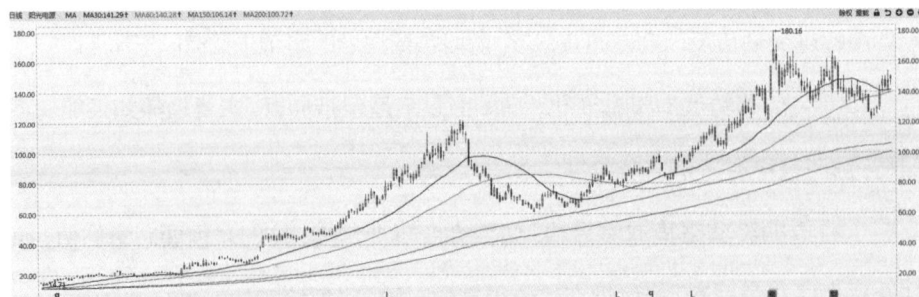

上图是阳光电源2020年7月到2021年10月的日K线图，阳光电源进入第三阶段后一直保持上涨趋势，离150日均线过远后出现了大幅回调，接近150日均线后

继续开始上涨，目前股价仍然很强势，保持着上涨趋势，投资者可以根据趋势继续持有，但是对于一年多就十倍的牛股，我们要提防基本面跟不上而造成大幅度回调。

2.2.4　第四阶段的特点和实战意义

第四阶段的重要特征是股价经过第三阶段大幅度上涨后，已经成功吸引了市场的眼球，交易量相对于底部要大很多，交投非常活跃，业绩往往也达到企业的历史最高点，各种各样的言语流传在网上，比如银行股涨到顶峰，你会听到有人描述银行拿储户100万元，可以放出去1 000万元甚至2 000万元的支票，人们拿支票就可以做生意，没人来兑现，商业模式是最好的模式；地产行业的人们会说你贷款买块地，地批下来贷款打地基，预售房子，然后钱来了盖房子，房子盖好了继续卖，继续贷款买地，这种商业模式是最好的模式；游戏行业的人们会说招聘几个人打代码，租个服务器，成本几乎低到可以忽略不计了，现金流非常充足，这种商业模式是最好的模式。每个行业在最顶峰时，人们都会把行业描述成最容易赚钱的模式，比如2021年的白酒，经过大涨过后，任何聚会都会提到白酒股，不炒股的人都知道去推荐白酒股，人人都觉得白酒的赚钱模式非常好，这时往往酝酿着风险，最起码离阶段性的风险就不远了。

虽然股票业绩和预期都保持得非常好，但是股价涨幅已经开始减速，150日均线和200日均线平行，表示股价在半年均价开始不向上运动了，趋势开始逆转了，很有可能会进入第五阶段，投资者在这个阶段需要注意以下几点：

（1）150日均线虽然走平，趋势开始平行，但是基本面优秀，估值和成长相对于股价仍然极具潜力，那么股价在接近150日均线后，可能会出现和200日均线反复缠绕后继续向上突破，重新启动趋势。

（2）虽然基本面优秀，但是估值和成长性已经过度透支企业的未来，在趋势开始平行后，投资者需要做清仓，任何时候结算盈利，落袋为安也不是错误的操作，而且对于股价在高位，估值在高位，趋势已经开始逆转的股票，宁愿错过以后的上涨，也不能做错，因为趋势开始下跌后利润很可能就会坐过山车。

（3）第四阶段是寻找卖出点的阶段，这个阶段错误地卖出也比任何阶段正确地卖出要强得多，当趋势做到这个阶段，投资者心态其实已经非常好了，进可攻退可守。完整的一个周期已经结束，可以开始寻找下一只潜力股票了。

【实战案例分析】

（上图）温氏股份是非常经典的K线第四阶段案例，股价在高位震荡，基本面优秀，猪肉价格达到顶峰，业绩创出历史新高，表面上是投资满怀期待的时候，却发现150日均线趋势线已经开始平行，这时候就是最好的卖出时机，因为股价随后正式进入第五阶段，股价出现持续、幅度非常大的下跌，投资者如果在第四阶段没有卖出，不但利润全部吐出，本金也会损失惨重。

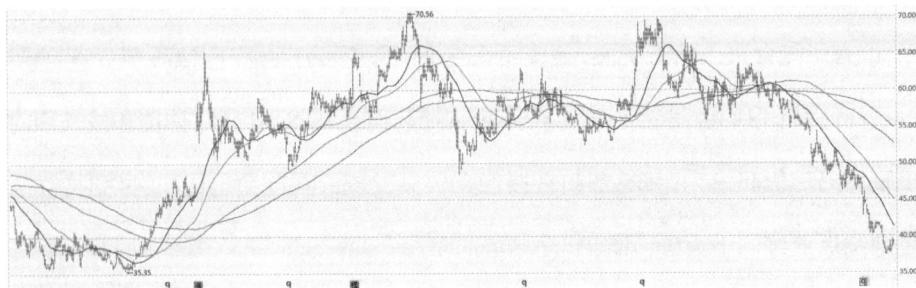

（上图）格力电器基本面非常优秀，虽然在2019年和2020年业绩增速开始倒退，但是幅度不大，以至于股价整体估值不高，很多投资者都期待格力电器日后业绩重回上涨趋势，带动股价继续上涨。在2021年一季度业绩增长强劲，业绩大幅度增长120%，从理论上来讲，预期EPS（每股收益）4元多，股价50多元，PE（市盈率）10多倍，业绩增长120%，股价应该重回上涨趋势才对，很多投资者都在此期间加大了仓位。

但是，从我们的投资系统中可以看出，股价已经进入第四阶段，卖出才是正确的操作准则，第二阶段确认后上涨才是最合适的买点，如果坚守操作准则就可以避免这次大幅度下跌，一年震荡幅度高达50%，我相信谁也不愿意去扛。

2.2.5　第五阶段的特点和实战意义

第五阶段我定义为下降趋势阶段，150日均线下穿200日均线，30日均线下穿60日均线，四条均线呈现空头排列，股价低于150日均线，围绕60日均线下方不断下跌，逐渐找到支撑位开始横盘整理，或者宽幅震荡，等待下一轮第一阶段的形成。

这个阶段如果投资者有仓位，就会有非常大的损失，所以在第四阶段卖出是非常重要的一件事情，股市是非常不确定的市场，这句话我会反复提示，非常重要，我们不可能完全准确地预测市场，但是有些时候要清楚，准则就是准则，错误的准则也远比运气有用得多，这个阶段投资者需要注意以下几点：

（1）如果第四阶段没有卖出，出现第五阶段，一定要坚决卖出，不要心存幻想，要敬畏市场，这个世界上没有投资完全正确的人，所以投资错误及时止损是非常必要的，很多投资者都选择了相信自己的股票基本面优秀能扛过周期，扛过牛熊，不过在现实中真正能扛过来的投资者只是少数。

（2）不要因为第五阶段出现大幅度下跌就去买入博反弹，下降趋势的反弹是非常难把握的，成功率并不高，我们做大概率正确的事情才是长久战胜市场的基础，即便第一阶段我也不建议买入，何况是第五阶段，耐心等待第二阶段的到来。

（3）股价在第五阶段一定会出现很多声音给你"洗脑"，比如有人会说××公司非常优秀，历史业绩优秀，未来大概率会不断地创造新高，简直就是送钱，我又买入多少，某位买入多少等。也许他们说的话是对的，但是我们坚守我们的准则，因为他不会告诉你有的股票在底部横盘好几年，即使贵州茅台这样优秀的企业，2007年底创造的高位也历经8年左右才突破。很多优秀的企业都已经消失了，比如一度风光无限的乐视网。

【实战案例分析】

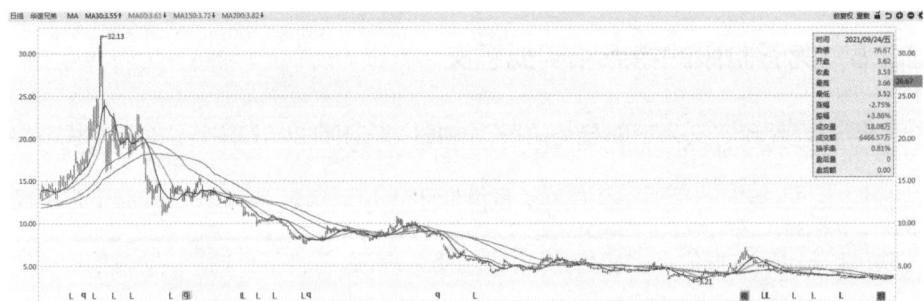

（上图）老投资者一定不会忘记华谊兄弟当时的无限风光，市场普遍认为中国经济发展到这个阶段，影视传媒类会出现和好莱坞一样的公司，华谊兄弟就被誉为最有可能成为这样的公司，我依稀记得行业研究员说一年内华谊兄弟市值要到多少，可见市场对它的疯狂已经到了何等地步。同样，股价在高位开始下跌时，也有一样的声音支持它，如果你听从那些建议，只会发现股价越跌，基本面越差，这么多年过去了，股价别说创新高了，连解套的机会都不给你。同理，你怎么知道你现在抄底的伟大公司会不会成为下一个华谊兄弟，下一个乐视网，下一个暴风影音，下一个……

上图是市场熟悉的中国平安的K线图，进入第五阶段后股价不断创出新低，很多投资者不断补仓，从80元一路补仓到40多元，可谓损失惨重。股价也许在某一时刻重新创出了历史新高，但是光计算空间、不计算时间对于投资来说没有任何意义，换句话说，同样的涨幅年化差距会非常大，投资者完全可以在第二阶段重新回来。

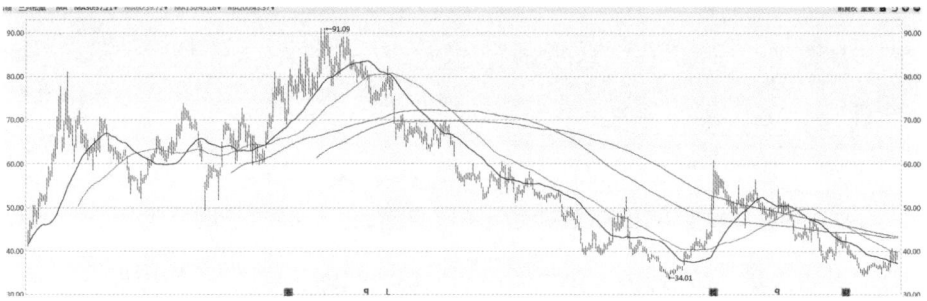

上图是三只松鼠的日K线图，股价从高位进入第四阶段时，如果你不卖出，股价持续下跌，损失会非常惨重，股价触底后虽然出现一波强劲反弹，但是受到趋势的影响，股价还会跌。然后会逐渐进入第一阶段，投资者完全可以等待第二阶段，配合基本面好转时再进入，这个时候进入的投资者看似抄到了大底，其实承担着极大的风险，股价可能会在震荡后继续下跌，也可能股价会经历长时间的宽幅横盘震荡，但是在此期间，市场其他的个股会进入第三阶段大涨，吸引着你的眼光去接盘。

2.3 超越大众的回报从何而来

2.3.1 围绕第三阶段投资股票

在了解了五阶段理论后, 投资者都应该清楚获取超额回报的秘密在于第三阶段, 我们只要把握住第三阶段就可以实现非常惊人的投资回报, 但是实战中却发现很多个股第二阶段买入, 股价很快进入第三阶段和第四阶段, 并不像我们前面案例讲述的那样, 第三阶段并不持久, 投资者反复操作利润也并不高。

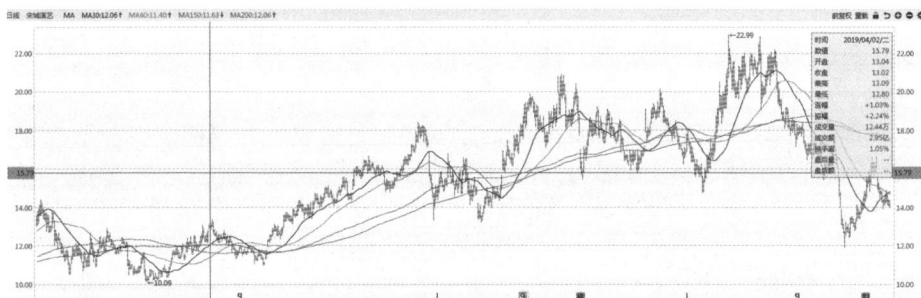

从上图宋城演艺的日K线图我们可以看出, 股价经过长时间的第一阶段整理, 开始进入第二阶段, 进入第二阶段后如果我们确认后买入, 估计也出现第三阶段的趋势性上涨, 但是很快就开始趋势逆转, 并且进入第五阶段, 投资者反复操作利润并不明显, 如果操作不当, 还需要止损离场, 为什么呢?

根本的原因是基本面没有跟上, 宋城演艺受到疫情的影响, 业绩在2020年一度出现巨亏17亿元, 但是投资者看好其优秀的商业模式和未来美好的预期, 在底部开始加仓, 股价也出现了上涨, 但是2021年的业绩并没有像预期中恢复如常, 半年报利润也只有2019年利润的一半, 所以投资者开始逐渐清仓手中的股票, 导致股票重新回到了下跌通道。股价需要重新整理进入新一轮的轮回。

每只股票因为基本面不同, 在第五阶段轮回的周期里的表现也天差地别, 那些在第三阶段上涨强劲的必定是伴随利润大幅度爆发,或者预期利润会有大幅度增长才会刺激第三阶段的持续性和力度(在后面我也会讲述如何选择基本面强劲可能出现大幅度上涨的股票)。

2.3.2　在第二阶段寻找买点

第一阶段是股价的最低点,所以最具有吸引力,很多投资者都喜欢在最底部买入股票,我也不例外,但是大量的实战案例证明在第一阶段买入是十分冒险的,因为股价可能会继续下跌或者底部盘整时间会非常长。

上图是贵州茅台从2007年高位开始调整,底部在第一阶段盘整长达八年左右才突破,如果投资过早,在第一阶段抄底,这八年期间的投资回报不会很好,但是在放量突破平台确认进入第二阶段后买入股票,明显资金时间成本运用会更合理,投资回报会更佳。在此后股价出现了强劲上涨和明显放量。

下图是中国石油在经过下跌后进入平台整理,进入第一阶段,如果我们过早买入的话,第二阶段没有形成,股价重新下跌到下一个平台整理,投资者在这长达五年的时间中损失会非常惨重,但是目前股价从底部开始放量突破,有进入第二阶段的可能,投资者在这个位置可以进入,比五年前买入成功的概率要高得多。

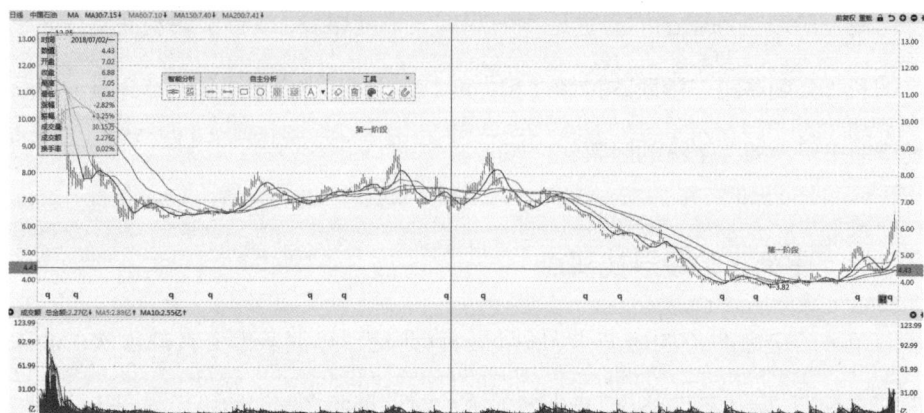

2.3.3 在第四阶段寻找卖点

会买的是徒弟，会卖的才是师父，这是股市中一句常见的话，体现出卖点是非常难找的。为什么呢？因为你会发现你一卖股票就大涨，你不卖股票就不涨，就像长了眼睛一样，就盯着你手里那点筹码。

其背后的逻辑只有一点：就是你卖股票觉得股票肯定有问题，其实往往股票的利好没有完全爆发出来，你的认知不可能掌握到全部信息，所以后面还有投资者不断地买入，推动股价上涨，当上涨到顶部时，好的逻辑才全部爆发出来，此时大家都知道该股票是好股，觉得此时买入持有是最放心的时候，但事实上这时才是最应该卖出的时刻，而你深陷谎言中不能自拔，错失获利了结的最好时机。

所以，很多新手选择了长期持有来应对这种现象，长期持有穿越牛熊简单实用，我不否认，但是我们追求的确定性更高、资金运用效率更高、投资回报更高的操盘方式，你学会了五阶段理论以后，就可以有理有据地选择卖点了，当第四阶段的现象出现以后，严格按照我们的操盘准则卖出。

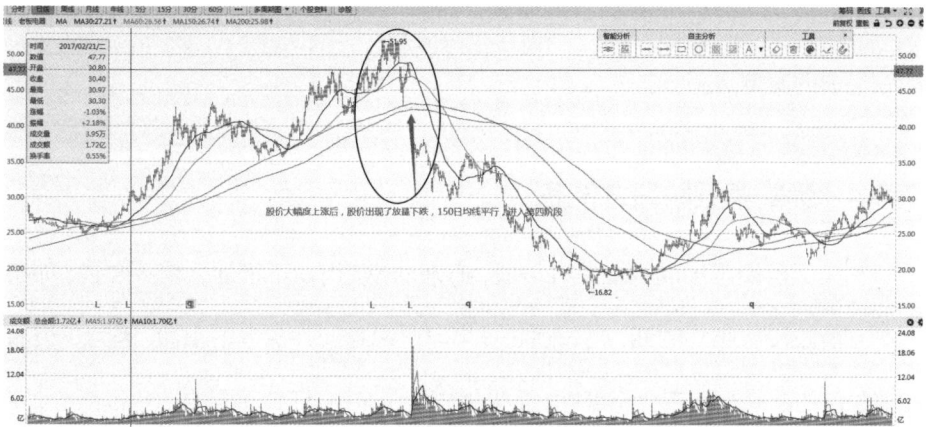

上图是老板电器股价从2012年涨到2018年，完成了十倍的涨幅，是市场上非常风光的个股，但突然在高位放量下跌，150日均线开始平行，进入第四阶段，我们完全可以轻松获利了结，因为即将迎接漫长的下跌，股价跌去70%多。也许你觉得高位时基本面肯定出现问题了，那你就大错特错了，当时间在2018年1月，当时最新的财报是2017年的三季报，利润以30%保持增长，30多倍的PE（市盈率），预期2018年估值会降低到20多倍的市盈率，市场把老板电器捧得非常高，觉得老板电器利润会一直增长下去，时隔多年，老板电器的股价还没有突破前期的高点。

（上图）双汇发展也一样，股价开始趋势平缓，进入第四阶段后如果不执行清仓，一旦进入第五阶段，投资者的损失会非常大，从第四阶段又跌去50%左右。双汇发展在高位时，基本面其实已经出现非常明显的变差，"猪周期"预期开始

逆转，业绩增长开始减速，这种股票在高位时，是投资者最应该要远离的，它也是比较经典的案例。

2.3.4　远离第五阶段才能赢

在第四阶段卖出以回避第五阶段，道理非常简单，不管你之前多赚钱，如果你第五阶段没有躲开的话，利润回吐一半可以说是一件庆幸的事情，因为投资者在该阶段的利润大概率会全部回吐，坐一波过山车，除了刺激外什么也没赚到，不仅浪费时间也浪费精力。尤其是之前没有赚到钱的，高位进入更是会亏损，你可以在任何阶段犯错误，但是在第五阶段绝对不能犯错误，尤其周期股，宁可错过，不可做错。

当然，资金量非常大的、战略性布局的机构很有可能会选择在这个阶段买入，因为一旦进入第二阶段，他们根本买不上。我们不要跟随这些消息去买入，也不要否定对方的操作，因为资金量不一样，操作的准则就不一样，在股市操作，风险控制永远放在第一位，在足够安全的前提下才会考虑盈利的多与少。

2.3.5　你要明白实操和理论的区别

任何理论都会讲得非常精彩，我的五阶段理论也一样，看到这里的投资者，我相信你们的信心都倍增了，因为看着非常简单，就跟随着几根均线买入卖出就可以了。如果你这样想就大错特错了，任何理论都是需要基础知识来支撑的，没有足够的基础知识，任何理论在实战中都无法落地。就好比你光学会拳击技巧，但你没有足够好的身体素质，你在竞技场上根本无法与身体强壮的人对抗，毕竟技巧是需要力量来实现的。

完全按照五阶段理论执行操作，你会发现很多股票一点儿也不按照你的预期来，因为你会发现有的股票V形反转，第一、二阶段会非常短暂，机会稍纵即逝。有的股票第二阶段买入，第三阶段很快就结束了。第四阶段你回避风险卖出了，股票没有经历第五阶段就重回第一阶段了，很快就第二阶段了，只能重新追高买回来。这些经历会让你对五阶段理论的信任打上一定的折扣，其实这最根本的原因就是基本功不到位，我们后文会从基本功出发，让投资者除了有技巧之外，还有力量。

下面让我们来学习把理论变成实际的能力。

2.4　如何把理论变成实际

2.4.1　学习基本面分析来确定股票的内在驱动力

为什么有的股票进入第三阶段的时间很短暂，就直接进入第四阶段？有的股票进入第三阶段就一发不可收拾？最根本的原因是基本面不同。阳光电源、宁德时代、比亚迪等，在2020年和2021年上半年为什么涨幅能如此惊人，如果你对它们的基本面做一些基础的分析和研究，就会觉得没那么意外了。

从国家政策上就给予了极大扶持，非常符合时代发展的背景，财报上的重要指标也出现了大幅度增长，强劲的基本面会支撑它们的价格一涨再涨。因为基本面是股价冲高内在的驱动力，缺乏基本面支撑的股票，往往股价表现不会太好，比如近几年的房地产行业，在国家房住不炒的大背景下，财务指标自然也不会出现好的增长表现，股价自然表现不会太好。同时，基本面最直接体现的就是财报，导致财报变化的原因非常多，比如芯片半导体行业在国产替代的大背景下，景气度非常高，财报也都表现为大幅度增长，新能源光伏产业、风能、新能源车等都受到国家的大力扶持，基本面强劲，最终都体现在财报上，股价上涨自然也表现得非常强劲。投资者需要挖掘基本面的变化来配合五阶段理论使用才能提高成功率。

2.4.2　学习技能分析来把握股票的买卖点

一个好的买点和卖点会让投资者心态非常好，虽然五阶段理论默认第二阶段买入和第四阶段卖出，即使错误也比其他阶段的反向操作要正确得多，但是短期买卖点不好也会让投资者心态非常糟糕，心态不好就容易犯错，而且容易反复触及止损线。虽然我们的交易成本非常低，但是不必要的交易成本，我们还是不建议过度耗费的，所以通过技术分析获取短期合理的买卖点也是非常重要的。

2.5　与"龙"共舞，做时间的朋友

2.5.1　寻找市场上最好的股票

市场上通常把涨幅最大的股票称为龙头股，龙头股的表现和普通股的表现差距会非常大，找到龙头股会让投资回报大幅度提升。因为龙头股通常有最快的利润增长，行业里占据巨大的市场份额，收入和利润遥遥领先，龙头股在成为龙头之后往往受到资金的青睐，对于投资者的买入会造成心理障碍，因为我不否认如果判断错误，追高买入造成的亏损是非常惨重的，很多投资者都倒在了追高的路上，但是我们去了解推动股价跑得最快、升得最高的原因，发现通常是那些基本面非常优秀，机构投资者对未来预期非常高的公司。同时，在抢筹的过程中不断推高了股价，他们不关心股票已经涨了多少，而是更关心公司的基本面和未来

的成长前景。这类公司都是高景气度行业中的佼佼者, 随着行业发展迅速提高市占率, 当然, 成长缓慢的行业也一样会出现龙头股。

上图是阳光电源和固德威的K线图, 业务类型非常接近, 涨幅都非常大, 但是一比较就天差地别, 这就是龙头股和普通股的区别。

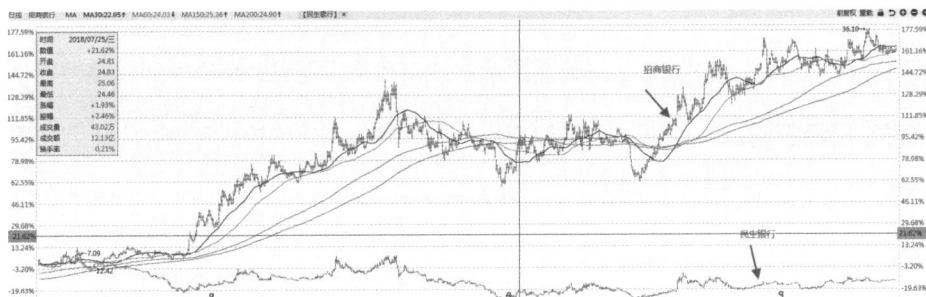

上图是招商银行和民生银行的K线图, 都是银行股, 但股价的表现差距非常惊人, 这就是缓慢增长的行业也能走出不错龙头股的典型。

2.5.2　未来可能伟大的公司

伟大的公司面临两个问题: 一是股价和市值已经可能接近天花板了; 二是伟大的公司随时可能不伟大。比如诺基亚、柯达这些曾经伟大的公司, 现在已经很少有人提及了, 我相信未来苹果等公司也一样会随着时代的发展而平凡, 所以我们能发现那些未来可能伟大的公司是至关重要的。

伟大的公司通常出现在改变人类生产、生活的行业中, 它们为人类发展、生活改进作出了卓越和无可替代的贡献，未来那些改变人类生产、生活的行业中也完全有可能出现伟大的公司，比如新能源车行业会改变人类的出行习惯，VR、AR大力发展后会出现像"元宇宙"这样的技术，这类行业都可能出现新的伟大的公司。

2.5.3　强周期企业的股票

彼得·林奇说过："考察若干年的净利润历史并选择在市盈率低点时买入周期型股票的投资策略被证明是短期损失金钱的好方法。"

周期性公司具有在强周期利润强劲、弱周期勉强度日的特点，在低谷时市盈率非常高，因为盈利能力非常差，人们无法用市盈率来估值，但是在市盈率低时反而是股价最高时。如果你在强周期顶部发现市盈率非常低，股价长时间停留不创新高，已经明确进入第四阶段的股票，一定要卖出，宁可错过，不能做错，因为周期类股票一旦下行，最少70%的利润就没有了。

第3章

基本功之基本面分析

3.1 从财报中发现正在试图伟大的公司

3.1.1 优秀财报具有哪些要素

基本面分析最终的目的都要集中体现到利润上,因为利润才是推动股价上涨的原动力,股价从长期角度来看,价格必然是围绕价值来波动的,判断一家企业的价值,最直接、最简单、最有效的方法就是考量它的利润和未来预期的利润。这也是价值投资和成长投资的核心理论依据。但是我们要注意一点,企业的价值和你心中的价值差距是非常大的,价格围绕价值波动是从很长的视角来讨论的,也许你主观判断今年和明年的价值,但是市场的定价已经预期到了五年后了,你认为严重不合理的价格在别人眼里可能是合理的,这种预期差是需要市场来验证的,所以投资者不仅要重视财务利润质量,而且要重视市场的行为。

所有能够持续上涨的股票通常伴随着当期的利润在持续增长着,并且预期利润也能够持续增长。我们在做基本面分析时,基本上所有的分析立足点都在利润增长上,比如企业外延式增长、缩减开支、加大研发费用、加大营销费用等,最终的目的都脱离不了企业利润等增速到底有多快,利润增速的质量也会直接决定股价的表现,所以投资者要有足够的经验去判断利润增速的质量才能更好地判断股价运行的方向。

假设一家企业发出公告:预期利润同比增长50%,经验不足的新手会简单直接地判断这是个利好消息,是个好财报,其实未必。我们需要用对比法来确定它到底是好还是坏,要用哲学思维去思考财报背后的逻辑和预期,而不是用会计的思维去衡量企业财报的质量。

首先，需要和行业进行横向比较，比如整个行业进入强周期或者高景气期，行业增长速度在100%以上，那么这份财报肯定是负面的，因为它的利润增速是低于行业平均增速的。如果行业增速只有5%，那么这个财报就大幅度超越行业增速，对股价往往起到积极的作用。

其次，需要纵向比较，如果企业往年增长速度都是10%左右，那么这个财报表示该企业进入高景气度周期中，利润正在加速释放，这就会对股价起到积极的作用，如果查看企业历史数据，往年增速都在100%以上，那么这份财报很可能预示该企业已经进入弱周期中，往往会对股价起到负面和消极的作用。

最后，要分拆单季度环比和同比继续比较，这是非常重要的，因为有的企业也许上半年保持非常高的增速，股价也水涨船高，而且涨得非常好。但是在高位时发出三季度财报预告，同比仍然保持较为满意的增长，股价却会出现暴跌，往往没有经验的投资者会感到迷茫。其实，当分开算季度财报就可以明显地看出，三季度单季度财务状态非常差，环比或者同比的利润增速已经进入负增长，三季度整体的增长是依靠上半年的利润来支撑着。虽然三季度整体利润仍然保持增长，但是市场的预期下降，投资者会担忧四季度会不会下降得更厉害，明年的增长预期能否实现，目前股价却在相对高位，这就会出现股价下跌的可能。

所以，投资者在看财报时，一定要用哲学的思维去思考财报背后的故事，而不是以会计的角度去衡量财务状况的好坏。当投资者看到预报或者公告利润同比大涨时，从会计角度衡量它肯定是非常好的财务状况，毕竟利润是同比上涨的。但是我们不要简单地判断这是一种利好消息，而要按照之前讲的三对比法来进行考核，要通过财报来思考和预期未来的利润增速趋势到底是加速还是减速。

【实战案例分析】

下图是明阳智能股价经过长时间的震荡整理开始向上反弹，在反弹到7月

12日时，发出公告，中报预告业绩净利润8.800亿～9.800亿元，增长幅度为65.84%～84.69%，股价跳空高开，第二天继续大涨。

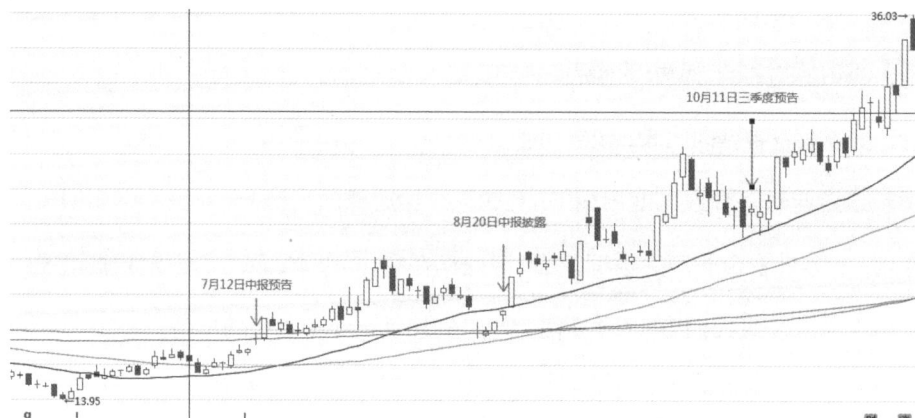

股价在8月20日业绩披露，2021年中报每股收益0.55元，净利润10.41亿元，同比2020年增长96.26%，股价如出一辙，跳空高开，第二天涨停。

10月11日发出三季报，当时预计净利润18.50亿～20.50亿元，增长幅度为98.33%～119.77%的公告。股价又重复了一次类似的表现，跳空高开，三天后涨停，股价继续保持趋势向上方运行。

因为在这三个时间窗口期公司分别对业绩发出了预告和披露公告，优质的利润增长推动股价持续向上运行。不到半年，股价上涨150%左右。我们来分析一下它的财务报表质量如何。

科目\年度	2020	2019	2018	2017	2016	2015 >>
成长能力指标						
净利润(元)	13.74亿	7.13亿	4.26亿	3.56亿	3.15亿	3.58亿
净利润同比增长率	92.84%	67.28%	19.64%	12.87%	-11.78%	20.57%
扣非净利润(元)	14.00亿	6.34亿	3.14亿	2.86亿	2.40亿	2.01亿
扣非净利润同比增长率	120.82%	101.99%	9.93%	19.11%	19.17%	307.97%
营业总收入(元)	224.57亿	104.93亿	69.02亿	52.98亿	65.20亿	69.40亿
营业总收入同比增长率	114.02%	52.03%	30.27%	-18.74%	-6.04%	30.16%

从上图可以看出，明阳智能前两年利润保持快速增长，所以，2021年的利润增长是在以往高增长的基础上继续大幅度增长的，增长质量非常高。

科目\年度	2021-09-30	2021-06-30	2021-03-31	2020-12-31	2020-09-30	2020-06-30 ≫
成长能力指标						
净利润(元)	**21.61亿**	**10.41亿**	**2.56亿**	**13.74亿**	**9.33亿**	**5.31亿**
净利润同比增长率	131.71%	96.26%	73.65%	92.84%	81.61%	58.95%
扣非净利润(元)	21.25亿	10.23亿	2.38亿	14.00亿	8.73亿	5.21亿
扣非净利润同比增长率	143.29%	96.60%	58.66%	120.82%	95.16%	85.30%
营业总收入(元)	184.30亿	111.45亿	43.34亿	224.57亿	151.26亿	83.21亿
营业总收入同比增长率	21.84%	33.94%	45.54%	114.02%	109.79%	107.24%

从上图可以看出，明阳智能的单季度利润增长也保持环比的加速增长，单三季度利润相较于上年三季度大幅度同比增长200%以上。

优质的利润增长会成为股价上涨的原动力，投资者在投资股票的过程中也要多关注和持有类似财报的股票，通常好学生更容易考出好成绩，优秀的企业也更容易出现优质的财报。

3.1.2　警惕利润增长陷阱

投资者经常会遇到一些企业，财报公告利润增长幅度很大，进行横向对比、纵向对比都没有问题，股价却表现不好，甚至不涨反跌，这是为什么呢？

这就要提防利润增长陷阱，有的企业利润大幅度增长的原因是通过出售土地、房屋或者股权等资产进行一次性获利，还有一些企业也可能会在某一时段获得一次性收益，这些一次性的收益会大幅度提高当前财报的利润增长率，给人感觉该企业进入了一个高景气度的周期中，其实大多数企业无法把这一次性的利润转化为未来可持续增长的利润动力。直白地说，这次利润并不能代表企业的利润增长，更不能代表未来利润的可持续性，因为任何一家企业都不可能有无限的资产，用于持续出售以维持利润的稳定增长。所以扣除一次性利润后，企业可能增速就不那么理想了，股价也理所当然地出现下跌。

大家应该如何判断呢？

这就需要大家注意扣非净利润了，扣非净利润就是扣除非经常损益后的利润,也就是排除那些一次性的收入,通常代表企业正常营业获取的净利润。企业的公告通常是指净利润,并不是扣除非净利润。所以我们更多地去观察扣非净利润,避免陷入财务增长陷阱。

这里需要注意两点:第一点是看财报的扣非净利润和净利润增长率是否相同,如果增速相符就没有什么问题,运用三对比法来判断利润的质量就可以了;第二点是在单季度对比中,有的企业存在一季度大幅度增长,但是二季度趋势出现了转变,往往预示着后期利润的不确定性,对股价也会起到负面作用。

【实战案例分析】

按报告期	按年度	按单季度				显示同比 ▾
科目\年度	2021-06-30	2021-03-31	2020-12-31	2020-09-30	2020-06-30	2020-03-31 »
成长能力指标						
净利润(元)	5.55亿	0.16亿	5743.24万	5.05亿	4.27亿	5.35亿
净利润同比增长率	29.86%	52.70%	103.71%	55.82%	15.66%	7.46%
扣非净利润(元)	4.83亿	7.63亿	-3.43亿	4.88亿	4.74亿	5.26亿
扣非净利润同比增长率	1.97%	45.20%	78.07%	70.50%	31.73%	7.48%
营业总收入(元)	19.75亿	22.23亿	10.62亿	19.08亿	16.30亿	14.95亿
营业总收入同比增长率	21.18%	48.66%	20.59%	35.17%	16.55%	-4.84%

上图是汤臣倍健在2021年6月30日发出的中报业绩预告,净利润从12.50亿元增至14.43亿元,增长幅度为30.00%～50.00%,公司2020年半年度非经常性损益金额为-3 744.48万元,当时预计2021年半年度非经常性损益对净利润的影响金额为11 000万～14 000万元。

我们可以看到2021年一季度净利润为8.16亿元,扣非净利润7.63亿元。我们假设中报业绩最终可以接近预告的最高值14亿元左右来计算,通过这个利润粗略估算,汤臣倍健二季度单季度盈利5.8亿元左右,公告说非经常损益对净利润影响1亿元以上,那么扣非利润在4.8亿元左右。2020年二季度扣非利润在4.74亿元。那么,经过计算对比,投资者应该清楚,虽然中报预告净利润继续保持大幅度增长,其实真实的利润增长并不快,企业的利润增速很有可能会进入拐点,三季度的增长很可能会进一步下滑。这个预增净利润大幅度增长的公告不是利好,而是利空。股价也从高位一路下滑, 如下图所示。

所以投资者一定要警惕类似的利润增长陷阱公告, 同时也要正确地面对一些利润预告净利润同比下降, 股价却出现走强的现象, 完全可能是单一季度已经出现了反转, 虽然受累于前报表的低迷, 整体表现不好, 但是投资者已经看到了未来增长的积极预期, 开始为它的反转进行投资了, 如下图所示。

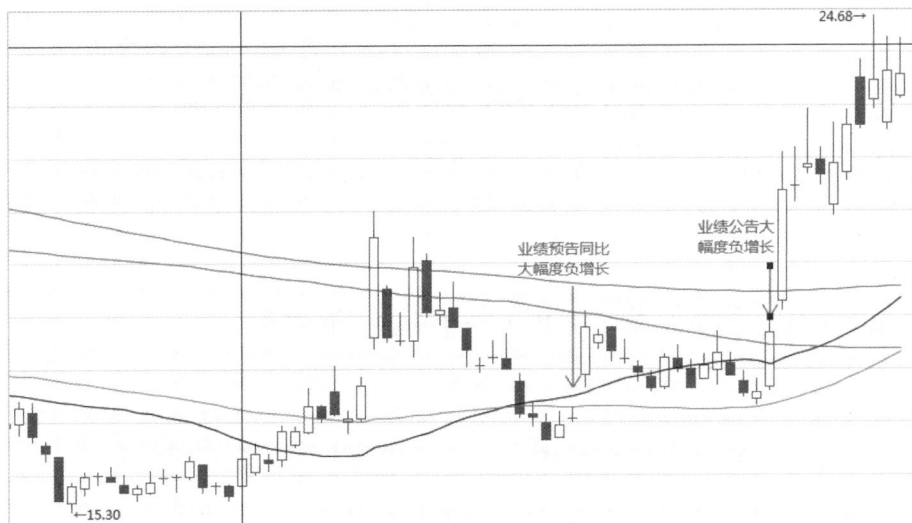

下图是昆仑万维在2021年10月8日发出的业绩预告, 当时预计三季报业绩净利润18.50亿～24.00亿元, 下降幅度为−57.78%～−45.23%, 股价第二个交易日放量大涨10%以上。10月30日业绩披露三季报每股收益1.91元, 净利润22.46亿元,

同比2020年增长-48.76%，股价放量暴涨14%以上，并且之后几个交易日都明显出现了放量上攻的态势。

科目\年度	2021-09-30	2021-06-30	2021-03-31	2020-12-31	2020-09-30	2020-06-30
成长能力指标						
净利润(元)	**12.46亿**	**6.86亿**	**3.13亿**	**6.11亿**	**7.40亿**	**31.51亿**
净利润同比增长率	68.45%	-78.22%	-36.29%	74.72%	107.09%	1406.94%
扣非净利润(元)	11.35亿	4.70亿	2.97亿	8.45亿	5.03亿	2.48亿
扣非净利润同比增长率	125.70%	89.15%	-35.36%	145.10%	45.34%	21.74%
营业总收入(元)	12.66亿	15.08亿	7.94亿	-16.45亿	11.05亿	13.09亿
营业总收入同比增长率	14.55%	15.18%	-59.73%	-266.24%	18.23%	45.01%

究其原因，昆仑万维上半年表现非常差，股价出现了持续下跌，但是第三季度单季度利润增长非常迅猛，与2020年三季度的利润相比大增100%的基础上，2021年三季度继续暴增68%，扣非净利润更是暴增125%以上。虽然整体的财报利润与往期相比负增长50%左右，但是投资者对昆仑万维的悲观预期有了不同的观点，所以大量的投资者抢筹，股价出现了持续的放量反弹。

投资者对于财报的利润增减切勿简单地通过预告或者公告信息来判断，一定要花几分钟时间认真阅读财报，仔细思考一下当期利润的实际增长情况，然后再去预期企业未来的发展是否值得投资，要用哲学的思维来看财报，不要用会计的思维去读财报。

3.2　净资产收益率（ROE）是不是万能指标

在股票市场中一直流传着这样一句话，ROE是股票投资的万能指标，只要看净资产收益率ROE就可以了，其他指标都可以忽略，那么这个指标到底意味着什么，有什么神奇之处，市场传言是真是假呢？

这句传言来源于巴菲特在1979年致股东的信中写道："我们判断一家公司经

营好坏的主要依据,取决于其净资产收益率ROE。"

净资产收益率ROE(Rate of Return on Common Stockholders' Equity),
又称股东权益报酬率/净值报酬率/权益报酬率/权益利润率/净资产利润率,是
净利润与平均股东权益的百分比,是公司税后利润除以净资产得到的百分比率,
该指标反映股东权益的收益水平,用于衡量公司运用自有资本的效率。指标值越
高,说明投资带来的收益越高。用最简单的一句话来解释,就是企业利用自有资
产赚钱的能力,也代表着企业的盈利能力和成长性。高ROE通常由三种方式构
成:一是高毛利率创造的高净利率;二是高周转率;三是高杠杆率。

我们假设用以下三种公司来加深了解:

假设A公司,没有负债,投入100万元,营收30万元,成本10万元,年利润
20万元。利润除以投入成本ROE=20%;

假设B公司,没有负债,投入100万元,营收80万元,成本60万元,年利润
20万元。利润除以投入成本ROE=20%;

假设C公司,负债50万元,投入50万元,营收50万元,成本40万元,年利润
10万元。利润除以投入成本ROE=20%。

从上面假设的三家公司可以看出,ROE都等于20%,第一家公司是高毛利
率造成的,全年盈利20万元,第二家公司是通过高周转率造成的,全年也能保持
20万元的盈利,第三家公司虽然ROE都等于20%,但是实际全年利润只有10万
元,还有50%的负债率,当然它的好处是启动资金只有其他两家公司的一半。

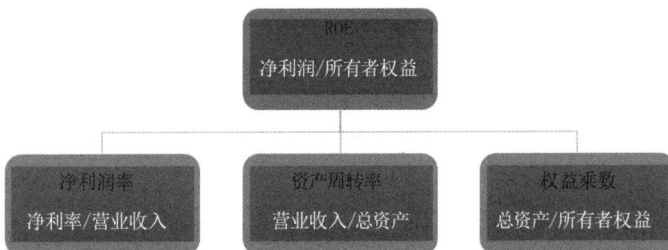

ROE不能否认是一项非常棒的指标，有的企业通过高毛利率创造高净利率，有的企业毛利率低，但是周转率高，有的企业毛利率和周转率虽然不是非常优秀，但是可以容纳非常高的杠杆，业务量非常大，不管是哪种企业，只要优秀就都体现在ROE这项指标中，我也经常使用ROE这项指标，如果ROE指标过低，我的建议是放弃关注和研究，毕竟每个人的时间、资金和精力都是有限的，我们完全可以等它优秀起来再去跟踪和研究，市场中的机会非常多，那么问题来了，我们能不能把ROE作为一项万能指标，只看ROE来判断企业的价值呢？

答案当然是不能。

任何财务指标都是过去式，投资是未来，任何指标也无法判断未来的事情，比如一家拥有高毛利率的企业，它的产品也许在一个时期非常优秀，能保持较高的毛利率，但是随着时代发展，很有可能会有新的产品替代它或者成为它有力的竞争者，高毛利率无法保持时ROE指标也会随之降下来，周期性的企业表现非常明显。

盈利能力指标						
销售净利率	19.25%	6.62%	24.46%	33.50%	16.36%	9.22%
销售毛利率	21.38%	23.50%	36.10%	40.47%	34.57%	21.78%
净资产收益率	11.07%	4.38%	26.93%	46.37%	21.67%	7.86%
净资产收益率-摊薄	9.57%	4.29%	15.44%	36.39%	18.66%	6.65%

从上图我们可以看到，赣锋锂业每年的ROE和毛利率的波动性非常大，受周期性影响非常大，既能高到46%，也能低到4%，如果你在ROE最高时投资，那么未来几年就会承担大幅度降低的风险。

再如一家商品周转率非常快的企业，说明它的产品非常受欢迎，或者正处在一个高景气度的时期，对于产品的需求非常大，同理，如果随着时代转变，它的产品已经不那么受到人们关注，行业的高景气度也过去了，或者有新的产品开始和它竞争市场，那么它的周转率也一定会下降。

通过高杠杆实现的高ROE风险更大，"爆雷"的企业十有八九都是高负债，导致无法还债，比如2018年盾安集团的债务"爆雷"引发的高杠杆风波，很多股票从优秀到平凡，越跌越贵。

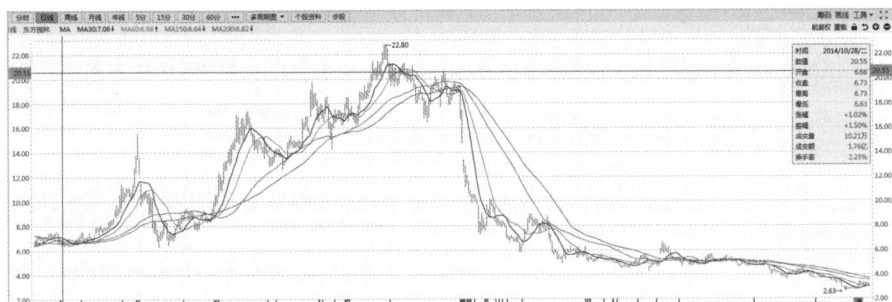

上图是当年优秀的大白马股东方园林，到现在已跌去了90%左右的市值。它的早期净资产收益率曾一度高达30%左右，直到2017年仍然高达20%左右，但是"爆雷"以后净资产收益率就为负了。

ROE虽然不可以作为万能指标来投资，但是可以作为一个筛查指标来使用，ROE过于低的企业可以放弃，ROE因杠杆率高而高的要警惕，我们也可以反推，寻找未来ROE可能提高的企业，比如产品通过涨价提高ROE的企业，或者是因为行业进入高景气度周期，毛利率和周转率大幅度提升的企业。

贵州茅台就是一个近几年非常经典的高ROE成功案例。

科目\年度	2020	2019	2018	2017	2016	2015
成长能力指标						
净利润(元)	**466.97亿**	**412.06亿**	**352.04亿**	**270.79亿**	**167.18亿**	**155.03亿**
净利润同比增长率	13.33%	17.05%	30.00%	61.97%	7.84%	1.00%
扣非净利润(元)	470.16亿	414.07亿	355.85亿	272.24亿	169.55亿	156.17亿
扣非净利润同比增长率	13.55%	16.36%	30.71%	60.57%	8.57%	0.62%
营业总收入(元)	979.93亿	888.54亿	771.99亿	610.63亿	401.55亿	334.47亿
营业总收入同比增长率	10.29%	15.10%	26.43%	52.07%	20.06%	3.82%
每股指标						
基本每股收益(元)	37.1700	32.8000	28.0200	21.5600	13.3100	12.3400
每股净资产(元)	128.42	108.27	89.83	72.80	58.03	50.89
每股资本公积金(元)	1.09	1.09	1.09	1.09	1.09	1.09
每股未分配利润(元)	109.53	92.26	76.41	63.69	49.93	43.69
每股经营现金流(元)	41.13	35.99	32.94	17.64	29.81	13.88
盈利能力指标						
销售净利率	52.18%	51.47%	51.37%	49.82%	46.14%	50.38%
销售毛利率	91.41%	91.30%	91.14%	89.80%	91.23%	92.23%
净资产收益率	31.41%	33.09%	34.46%	32.95%	24.44%	26.23%
净资产收益率-摊薄	28.95%	30.30%	31.20%	29.61%	22.94%	24.25%

从上图中可以看到，贵州茅台利润的增长速度，2015年几乎没有增长，2017年大幅度增长60%以上，利润增速后来就开始逐年递减了，正常的股价表现应该是近几年非常差才对，但是贵州茅台的复权股价却从2015年到2020年底涨了20倍左右，2021年股价更是一度冲高到2 600元附近。

这就是高ROE股票的魅力，长年高的ROE企业股票通常会受到长期战略投资者的青睐，这类投资者往往会选择长期持有该企业的股票，这类投资者一旦锁定筹码后就会造成企业股票稀缺。股票同样有商品的属性，也是物以稀为贵，在上升期也很容造成稀缺的景象，所以投资者选择股票时，要优先选择高ROE的品种来进行操作，往往会起到事半功倍的效果。

3.3 毛利率传达的信息

贵州茅台的高ROE有个非常显著的特点，就是它高达90%以上的毛利率，毛利率是毛利与销售的百分比，高毛利率往往传达着非常重要的信息，下面我就把高毛利率背后的故事为大家讲清楚。

高毛利率通常具备以下几个特点：

周期，在高景气度时期，由于产品价格需求量大，物以稀为贵，价格也水涨船高，会导致高毛利率。

盈利能力指标						
销售净利率	15.16%	28.93%	51.40%	47.57%	1.25%	0.56%
销售毛利率	28.71%	45.01%	75.10%	76.59%	25.40%	23.96%
净资产收益率	3.58%	14.67%	44.07%	46.62%	1.16%	0.54%
净资产收益率-摊薄	3.51%	13.41%	44.30%	37.31%	1.16%	0.54%

从上图中可以看出，方大炭素的毛利率波动非常大，近几年毛利率最高达到70%多，最低只有20%多，周期性非常明显。这类企业的高毛利时期也代表着企业

经营的产品已经进入一个高景气度周期，股价自然会表现出非常强势，这时候就是投资者积极介入的最好时机，方大炭素2017年股价大幅度上涨了5倍左右。当然，毛利率回落的时期股价也跟随毛利率出现了持续下跌。

垄断，具备垄断性质特点的产品也能保持毛利率非常高，贵州茅台一直保持90%以上的毛利率，受益于作为"国酒"的存在，酱香型白酒的绝对龙头企业，可谓具有垄断性质的代表之一。

盈利能力指标						
销售净利率	52.18%	51.47%	51.37%	49.82%	46.14%	50.38%
销售毛利率	91.41%	91.30%	91.14%	89.80%	91.23%	92.23%
净资产收益率	31.41%	33.09%	34.46%	32.95%	24.44%	26.23%
净资产收益率-摊薄	28.95%	30.30%	31.20%	29.61%	22.94%	24.25%

上图是贵州茅台近几年的毛利率，一直保持在90%左右。企业给股东的回报率也达到了惊人的30%以上。

创新，有些企业投入大量的研发费用创新产品，一旦问世，就会受到专利保护，新兴产品在成本、功效上就有极大的优势，其产品毛利也会在一个时期保持高毛利率，科技创新也是保持高毛利率的一个特征。

盈利能力指标						
销售净利率	22.75%	22.87%	23.32%	23.80%	23.74%	23.87%
销售毛利率	87.93%	87.49%	86.60%	86.63%	87.07%	85.28%
净资产收益率	22.51%	24.02%	23.60%	23.28%	23.24%	24.37%
净资产收益率-摊薄	20.75%	21.51%	20.61%	20.93%	20.90%	21.87%

上图是恒瑞医药作为创新药龙头，毛利率也一直保持在85%以上。

品牌效应会让消费者愿意付出更多的金钱去购买，品牌的溢价会导致毛利率高于普通商品。这一点我们需要注意，有些杂牌毛利率也会非常高，有些品牌的策略是薄利多销，所以不是所有品牌都一定比杂牌毛利率高。

富安娜一直期望做家纺业中的"爱马仕"，产品品牌知名度在国内也站在头部，长年保持着50%左右的毛利率，高于同行毛利率标准，如下图所示。

盈利能力指标						
销售净利率	17.97%	18.17%	18.62%	18.86%	18.99%	19.17%
销售毛利率	53.90%	52.00%	49.82%	49.58%	50.24%	51.05%
净资产收益率	14.27%	14.17%	16.19%	17.05%	15.73%	16.33%
净资产收益率-摊薄	14.43%	14.22%	15.26%	15.71%	16.50%	17.53%

我们可以通过毛利率这个指标来筛选超过行业标准的个股,毛利率超过行业标准的企业,大概率能说明其产品具有以上几种特点之一,换句话讲,就是企业具有垄断性质或者极具竞争性,处在高景气度期间,这类企业值得重点关注和跟踪,往往大牛股都是在这类企业中诞生的。

反观那些毛利率过低,或低于行业标准的,大概率都处在一个竞争非常激烈的环境中,普遍缺乏作为龙头的潜质,虽然会跟随市场上涨,但下跌往往也是最先下跌的,这类企业的股票成为牛股的概率并不高,投资者需要考虑时间成本,是否需要研究这类企业。

3.4 远离负债超过行业标准的公司

成年人的崩溃往往是从缺钱开始。同样,企业的崩盘也往往是从缺钱开始,企业为了更好的发展,合理的负债率是应该的,即使苹果这类"现金奶牛"也一样有负债,但是过度负债就要引起投资者警惕了。

我们前文针对高负债的风险已经描述很多了,之前盾安集团的债务违约引起了资本市场的轩然大波,整体去杠杆化来临,东方园林、岭南股份等开启了漫漫"熊途",近期恒大三条红线全踩,全是负债率过高的问题,一旦缺钱马上就引发崩盘的危险,所以,对于高杠杆行业和企业的投资,我们要万分注意。

如果可能的话,我是不会选择杠杆率过高的公司,如果一定要选择,也要注意那些远超行业标准的公司,虽然它们在增长时非常强劲,但是一旦出现问题,股价会以迅雷不及掩耳的速度下跌，风险控制是投资首先要考虑的问题。

负债过高除了有"爆雷"风险以外，还会影响公司的利润增长，高负债率公司需要大量的利润来还债，部分公司会选择降低负债率，在降低负债率的过程中也会极大地影响利润的释放，我之前也说过，强劲的股价上涨伴随的是利润的高速增长，我从来没有见过股价强劲的上涨是因为公司负债率降低了。

中国铁建就是非常经典的案例，公司2015年净利润126亿元，2020年净利润已经增长到224亿元，但是该企业的毛利率不到10%，负债率虽然下降了5%，但也高达75%，投资者往往对这类企业并不买账，股价也常年在底部徘徊。

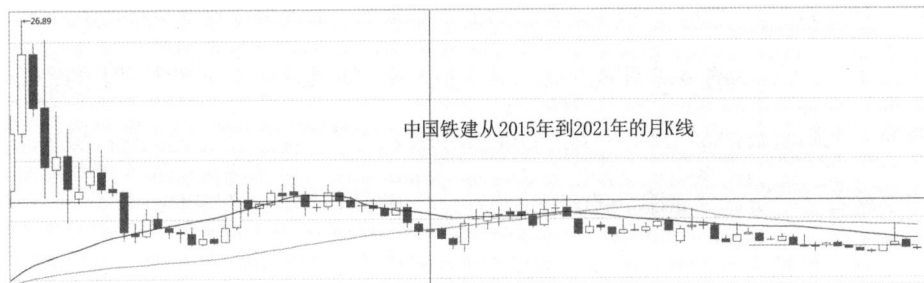

中国铁建从2015年到2021年的月K线

3.5　货币充足的公司是宝吗

我们经常会看到有人讨论某企业有隐藏的资产可以重估，或者账上有充足的货币资金，建议投资者买入这类企业，等待企业的价值重估，虽然从财务角度出发仿佛非常有道理，但现实是股价很少因为价值发现而大幅度上涨。其实当你发现这些机会时，早就有无数的投资者注意到了这个财务状况，股价不涨是因为这些资产或者资金无法转换为利润的增长，从而没有意义，投资者不应该盲目为此而投资。

中南传媒就是这类非常热门的一只股票，几年前有人讨论中南传媒有200亿元的现金,公司利润还是稳定增长,目前的估值非常低了,就和白送一样,乍一听,真的好有道理,但如果你投资了中南传媒一定会后悔。

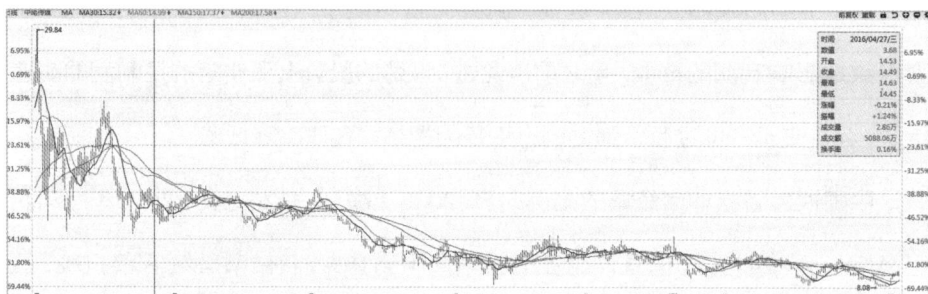

上图是中南传媒2015—2021年10月的K线图,经历了7年时间,股价除了下跌就是下跌,现在市值160多亿元,打开资产负债表,账上货币将近120亿元。

所以,账面上有多少资金一点儿意义也没有,如果公司不能把账面上的资金转换为利润增长,那就最好分红,如果也不分红,那就一点儿意义也没有,投资者如果冲着这些资金或者隐藏的资产去投资,大概率不会有好的回报。

TCL科技持有中环股份30%左右的股份,随着中环股份的大幅度上涨,网上一样有专家提出TCL就和白送的一样,TCL本身的当期业绩也非常突出,给人一种极度低估的错觉,但是股价就和大家开了一个大玩笑,如下图所示。

货币资金过多有时候也伴随着"爆雷"的可能,有的公司账面上有大量的货币,但是负债率却不低,这就要当心了,康得新和康美药业两大白马都先后"爆雷","爆雷"前账面上分别有一百亿元和三百亿元的资金,所以,对于账面资金

过多的公司，不要觉得找到宝了，往往和股价涨跌没有太大关系。

隐形的资产、股权或者资金都是加分项目，不是决定的因素，我在这些上面吃过亏，希望看过此书的投资者就不要再犯和我同样的错误了。只要资产无法转换到利润增长上，都没有实际意义。

3.6 应收账款过高是好是坏

如果你发现一家公司利润增长非常强劲，但在资产负债表中看到应收账款的增长更加强劲，那就要小心点了，应收账款过高通常就是以后死账、坏账的根源，而且财务问题也通常会体现在这里，如果股价表现也不好，那就一定要远离，总有比你更了解基本面情况的，总有先知先觉的资金会先行动的。

讲到这里，你要明白财报并不是严谨的数学，数学100+100=200，但是财务报表对于这家公司可以用非常多的方式来体现，比如50+50=100，剩下100呢？也许之前已经用了，也许留着以后用，这也是很多人不看财报的原因，我们不能说这是问题，但是财报的真实性并不是你想的那么简单，往往是股价涨时公司会把利润释放出来刺激股价进一步大涨，股价越低迷，财报也随之隐藏利润。所以利润的真实增长率也许并不像财报表现的那样，利润可以调节，但是现金流量就不那么好调节了，很多投资者都以自由现金流来衡量企业的价值。

以上海电气来举例，企业利润常年保持稳定增长，但是股价却长期低迷，这是为什么呢？本质还是应收账款过高，投资者担心利润无法收回，最终形成死账。2021年高达400多亿元的应收账款最终"爆雷"，从一季度盈利6亿多元到三季度亏损40多亿元。

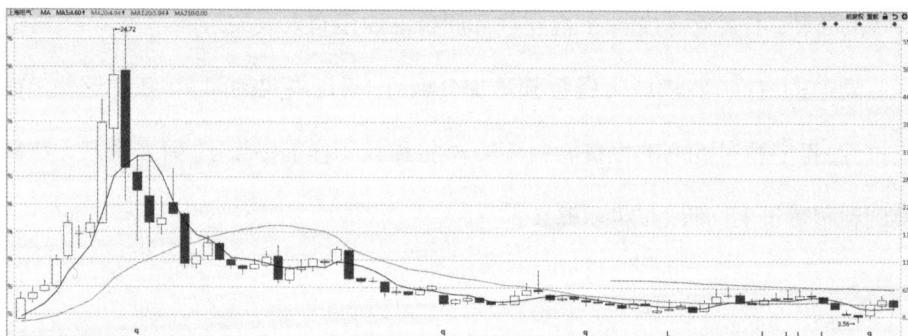

上图为上海电气长期低迷的股价。

按报告期	按年度	按单季度				显示同比
科目\年度	2020	2019	2018	2017	2016	2015 »»
成长能力指标						
净利润(元)	**37.58亿**	**35.01亿**	**30.17亿**	**26.60亿**	**23.97亿**	**21.43亿**
净利润同比增长率	7.34%	16.06%	13.42%	10.96%	11.87%	-16.12%
扣非净利润(元)	10.42亿	9.96亿	19.01亿	16.97亿	13.85亿	11.18亿
扣非净利润同比增长率	4.57%	-47.59%	12.03%	22.56%	23.87%	-48.08%
营业总收入(元)	1372.85亿	1275.09亿	1011.58亿	795.44亿	885.07亿	794.61亿
营业总收入同比增长率	7.67%	26.05%	27.17%	-10.13%	-0.48%	1.60%

上图为上海电气长年稳定的净利润增长。

按报告期	按年度				显示同比
科目\年度	2021-09-30	2021-06-30	2021-03-31	2020-12-31	2020-09-30 »»
流动资产(元)					
货币资金(元)	**288.69亿**	**288.91亿**	**306.23亿**	**242.44亿**	**248.24亿**
拆出资金(元)	168.84亿	180.94亿	178.54亿	365.94亿	125.30亿
交易性金融资产(元)	73.21亿	73.46亿	82.32亿	73.88亿	65.60亿
应收票据及应收账款(元)	439.55亿	468.78亿	415.01亿	412.76亿	410.83亿
其中：应收票据(元)	63.75亿	94.30亿	88.30亿	84.77亿	65.03亿

上图为上海电气高达400亿元的应收账款。

按报告期	按年度	按单季度				显示同比
科目\年度	2021-09-30	2021-06-30	2021-03-31	2020-12-31	2020-09-30	2020-06-30 »»
成长能力指标						
净利润(元)	**-44.22亿**	**-49.71亿**	**6.61亿**	**37.58亿**	**23.45亿**	**15.22亿**
净利润同比增长率	-288.58%	-426.59%	482.68%	7.34%	6.02%	-17.57%
扣非净利润(元)	-58.49亿	-56.09亿	5.09亿	10.42亿	18.36亿	13.47亿
扣非净利润同比增长率	-418.59%	-516.52%	711.28%	4.57%	21.62%	0.09%
营业总收入(元)	935.29亿	625.28亿	255.63亿	1372.85亿	825.32亿	532.37亿
营业总收入同比增长率	13.32%	17.45%	73.84%	7.67%	9.72%	0.53%

上图为上海电气2021年"爆雷"后的财报，从一季度盈利6亿多元到三季度亏损40多亿元。

所以，投资者对于应收账款常年保持高位的企业要坚决远离，避免"爆雷"后造成永久性亏损，财报最大的作用之一就是排雷，从财报中排除危险远比从财报中找出好的投资标的要重要很多。

3.7　现金流比利润更重要

财报有三大报表，资产负债表、利润表和现金流量表。很多投资者对现金流量表并不重视，因为利润才是股价上涨的原动力，所以有很多投资者只看利润，其实一家企业生存和发展最需要的不是利润，而是现金流。理论来讲，只要公司现金流不断，公司就不会破产，甚至会发展、壮大最终成为伟大的公司。因为现金流是公司赖以生存的血液，利润只是造血的一个过程而已。

现金流分三块：经营性现金流、投资活动现金流和筹资活动现金流。我看重的是经营性现金流，因为经营性现金流是公司唯一属于自己的健康血液，其他的现金流固然可以输入企业，维持企业的生存和发展，但因为不具有健康的造血机制，不确定性非常强，不能依赖。

巴菲特也曾经说："内在价值是一个非常重要的概念，它为评估投资和企业的相对吸引力提供了唯一的逻辑手段。内在价值的定义很简单，它是一家企业在其余下的寿命中可以产生的现金流量的贴现值。"

自由现金流贴现就是大名鼎鼎的DCF估值法，这里提到一个概念就是自由现金流，需要用经营现金流减去资本开支，然后用自由现金流去贴现来估算企业的价值。

DCF现金流贴现模型公式：$V = \sum FCF_n / (1+r)n$

如果你觉得这个公式复杂，不想计算怎么办呢？那我告诉你，巴菲特也曾经说过，虽然他承认DCF现金流贴现对企业估值是最科学的算法，但是他从来不用，其实也能理解，这个公式需要假设一个增长率，估算出来的价值和市场给出的估值差距是非常大的，毕竟市场给的股价不是单纯的数学，它包含了无数人博弈的结果。也许一个消息就会刺激股价涨一倍，所以，DCF估值系统如果你喜欢用，那完全没有问题，如果你非常厌恶它烦琐的公式，也没有关系。估值需要的是模糊的正确，而不需要精准的判断，DCF估值系统并不是投资必要的方法。有人用DCF算出贵州茅台价值800元，但是一点儿也不妨碍它涨到了2 600元。我讲这些只是想让你知道现金流非常重要，甚至比利润都重要。

利润是主观评价，现金是客观事实。利润表反映了企业经营的成果，这是公司收入和支出费用的比值计算得出的。收入和费用不是现金流量，净利润也不是现金。收入代表企业通过经营活动获得了财富，费用则是需要支出的成本，相减就是盈利和亏损的结果。因为有"应收账款"这种利润，所以利润不能表明该公司的现金流量是否充足，同理，流量表也不能说明一家公司是否盈利。只有利润在转换为现金流入公司后，才具有真正的价值，所以有收益，没经营现金流的公司，其利润的质量就需要投资者注意。

用一个很简单的例子来说明，一家饭店有几个公司经常来组织团建，但是需要赊账，日后不定时结账。这种利润没有现金流，我们管这叫应收账款，这家饭店看似生意非常好，但是存在两个致命的风险。一是可能有一天饭店老板因各种理由动用了大量资金，比如买房等，饭店现金流不足的情况下无法给员工开工资，无法买食材，这就可能面临着关门倒闭。二是常来吃饭的公司如果破产了，可能无法清算之前的欠账，那么利润就会消失，饭店需要计提坏账。

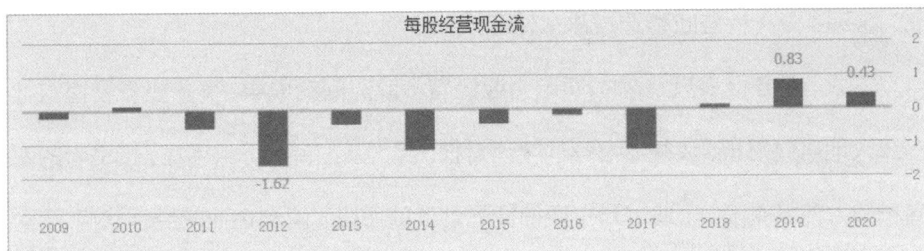

每股经营现金流

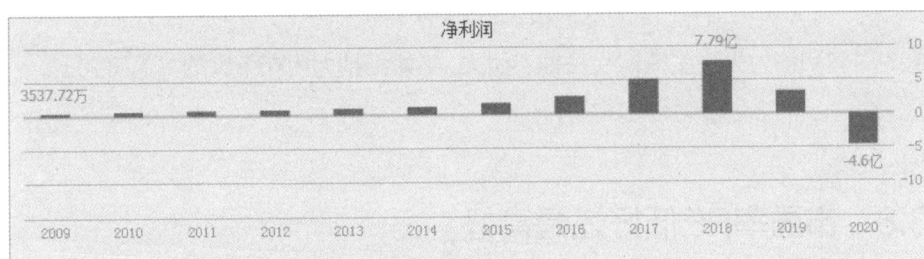

净利润

从上面两张图中可以看出，岭南股份受益于PPP项目，公司利润快速增长，2011年只有7 000多万元的净利润，到了2018年净利润高达7.79亿元，曾经的利润连零头也不够。但是2011—2018年，经营现金流常年为负数，这说明公司主要通过筹资现金流来生存，应收账款和负债率也持续上升。这种财务结构的风险我们之前讨论过，一旦出现问题，后果非常严重。随着市场的发展，利率政策有所改变，银根开始缩紧，岭南股份最终出现了资金链问题。岭南股份最终在2020年亏损高达4.6亿元，股价跌去80%，投资者亏损惨重。

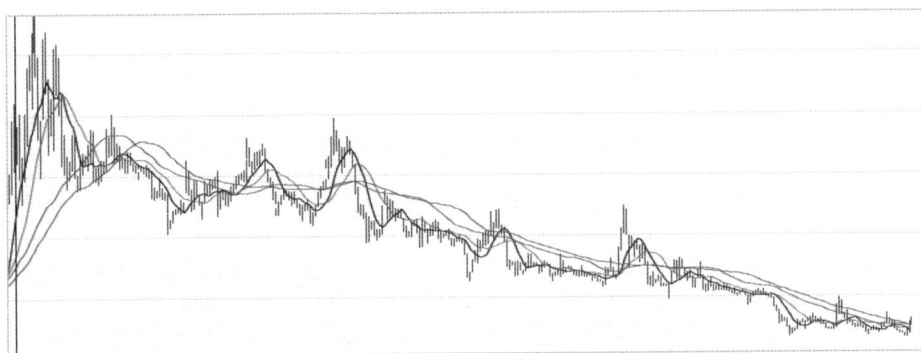

上图为岭南股份2016—2011年的日K线图，股价出现了常年连续下跌。

如果一家企业经营现金流出现了连续的负数，那么我建议投资者一定要远离，避免因为资金链断裂造成永久性亏损。

总之，财务报表只是静态展示企业经营一段时间的成果，很多投资者喜欢非常深入地研究财报，我并不推荐过度读财报。因为从时间成本来考虑，投资者的时间和精力都是有限的，通过对主要指标的解读就可以了解到企业的经营状况了，财报都是过去式，主要的作用还是预防"爆雷"。从边际成本的角度去衡量，浪费大量的时间和精力去深度精读往往得不偿失，不如把精力用在个股的其他研究上。

3.8 市盈率PE低好还是高好

3.8.1 不要迷信低PE

市盈率是股票价格除以每股盈利的比率，因为每股盈利的变动时间非常长，所以股票的价格和市盈率的变动是息息相关的，通常市场把市盈率一项作为比较不同价格的股票是否被高估或者低估的指标。所以投资者通常喜欢买入低估的品种，也就是专注于寻找低市盈率的股票。

市盈率也能理解为，如果公司保持目前的盈利能力，分红率为100%，市盈率是多少就表示多少年能收回本金；从逻辑上来讲，一只股票市盈率越低，那么可以越快通过盈利和分红收回本金，投资收益就越大，这也是非常多的投资者迷信低市盈率的风险比回报率非常高的原因。

很多人在买东西时都喜欢货比三家，找最便宜的买，很多人把这种理念也延伸到了股市投资中，寻找那些被市场错杀、低估的品种买入，这种逻辑听起来很有道理。但对于成长性突出的公司，这种定义就不准确了，在股市中，有些股票看起来很便宜，可能实际上非常贵，有些股票看起来很贵，其实并没有你想象的那么贵,而且往往大幅度上涨的股票在整个过程中就没有便宜过。

　　市场上,分析师和网络上的专家每天都会提出各种不同的观点,很多错误的信息都是来自市盈率,很多投资者因为误解和不知情会过于依赖这项指标。尤其是在个股的选择上,想抓到市场的龙头。有统计数据表明,市盈率投资法是最没有用的一种投资方法。

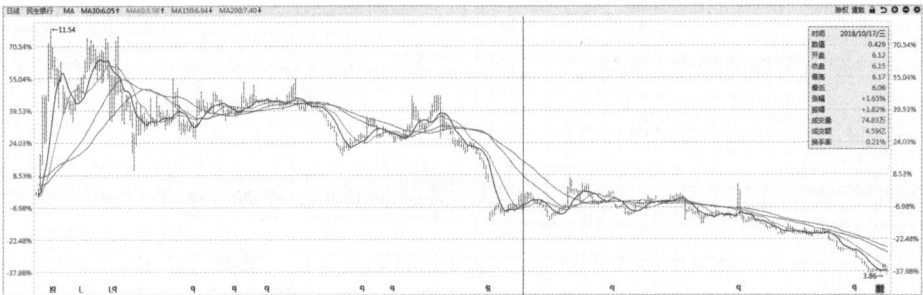

科目\年度	2020	2019	2018	2017	2016	2015
成长能力指标						
净利润(元)	**343.09亿**	538.19亿	503.27亿	498.13亿	478.43亿	461.11亿
净利润同比增长率	-36.25%	6.94%	1.03%	4.12%	3.76%	3.51%
扣非净利润(元)	344.55亿	537.20亿	505.06亿	497.21亿	478.85亿	458.48亿
扣非净利润同比增长率	-35.86%	6.36%	1.58%	3.83%	4.44%	3.04%
营业总收入(元)	1849.51亿	1804.41亿	1567.69亿	1442.81亿	1551.54亿	1544.25亿
营业总收入同比增长率	2.50%	15.10%	8.66%	-7.01%	0.51%	13.99%
每股指标						
基本每股收益(元)	0.7100	1.2200	1.1400	1.1300	1.3100	1.3000
每股净资产(元)	10.50	10.26	9.37	10.12	9.12	8.26
每股资本公积金(元)	1.31	1.31	1.31	1.77	1.77	1.77
每股未分配利润(元)	5.14	5.00	4.41	4.48	3.58	3.20
每股经营现金流(元)	-1.88	-1.94	-9.03	-7.05	28.20	6.17

　　上面两张图分别是民生银行2015—2021年的K线图和2015—2020年的财报。

　　我们可以看出2015年除权价格在9元附近,每股收益1.3元,静态市盈率为7倍,2015年正经历一轮牛市上涨,市盈率低于30倍的是少数,大多数股票市盈率都跟随股价飞涨起来了,7倍的市盈率在当时确实非常有吸引力,我相信任何投资者都会去考虑是否值得投资,迷信低市盈率的投资者往往会单纯地因为低市盈率去投资,民生银行就是一个非常经典的案例,从2015年持有到2020年,股价跌到

6元附近，每股收益下降到0.71元，市盈率反而上升到了8.5倍，当然，民生银行在这几年期间有稳定的分红，还在2018年有过一次10转2股，但这又有什么用呢？复权后一样是亏损的，而且在2021年股价又跌去了20%，损失进一步加大，股价最低跌到了2.63元。

当今社会信息已经非常发达，市场的有效性已经非常强，想通过信息的不对称抓取到价格低估的股票，对于普通投资者可谓难上加难，所以市盈率过低的股票，一定有它低的道理，单纯地买入低市盈率的股票就好比手里抓了一把烂牌，股票一旦出现下跌，会显得更便宜了，越便宜越吸引人，这让投资者往往心存侥幸，觉得价值会马上回归，止损线如同摆设，甚至根本就没考虑过止损，几年下来投资业绩非常差，把投资的失败归于市场对价值的不发现，坚信自己手里的金子终究会发光，我也坚信金子终究会发光，但等它发光时，我们再去投资不好吗？

在这里我要重申一下我的观点，我是想表达纯粹靠低市盈率投资法想取得成功是不靠谱的，但并不是说低市盈率的股票都不好，虽然现在市场的有效性非常强，市盈率过低必定表明市场对它有些担忧，但成长才是关键，戴维斯双击理论就是抓取低估值的股票，既赚到成长的钱，又赚到市盈率变动的钱，这类案例也非常多。

备注：戴维斯双击是指业绩和估值双双增长，戴维斯双杀是指业绩和估值双双下降。

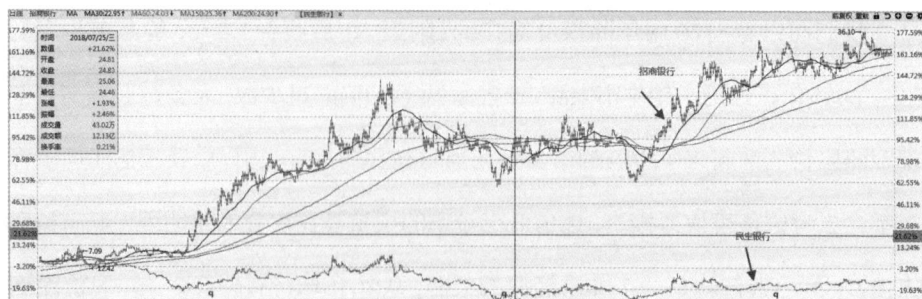

上图为民生银行和招商银行的日K线重叠图,从图中可以看到,同样是银行股的招商银行,市盈率从来没有低于过民生银行,但是其股价表现与民生银行相比却是天差地别,究其原因就是成长。

从下图可以看到,招商银行成长性虽然并不突出,但是比民生银行的成长性要好太多了,它是经典的低市盈率缓慢成长性股票案例,受限于成长性,股价涨幅虽然不大,但是稳健,也跑赢了很多纯粹的低市盈率股票。

按报告期	按年度	按单季度				显示同比
科目\年度	2020	2019	2018	2017	2016	2015
成长能力指标						
净利润(元)	**973.42亿**	928.67亿	805.60亿	701.50亿	620.81亿	576.96亿
净利润同比增长率	4.82%	15.28%	14.84%	13.00%	7.60%	3.19%
扣非净利润(元)	971.78亿	921.78亿	801.29亿	697.69亿	611.42亿	570.45亿
扣非净利润同比增长率	5.42%	15.04%	14.85%	14.11%	7.18%	2.99%
营业总收入(元)	2904.82亿	2697.03亿	2485.55亿	2208.97亿	2097.20亿	2014.71亿
营业总收入同比增长率	7.70%	8.51%	12.52%	5.33%	3.75%	21.47%
每股指标						
基本每股收益(元)	3.7900	3.6200	3.1300	2.7800	2.4600	2.2900
每股净资产(元)	25.36	22.89	20.07	17.69	15.95	14.31
每股资本公积金(元)	2.68	2.68	2.68	2.68	2.68	2.68
每股未分配利润(元)	14.68	12.75	10.88	9.56	7.89	6.47
每股经营现金流(元)	16.71	0.18	-1.42	-0.22	-4.78	15.88

下图为五粮液的K线图,股价从2015年开始涨,将近30倍左右,这是经典的戴维斯双击案例,市盈率开始并不高,但是随着后期的利润释放,股价也在不断地创着新高,市盈率在高位一度达到60倍左右。

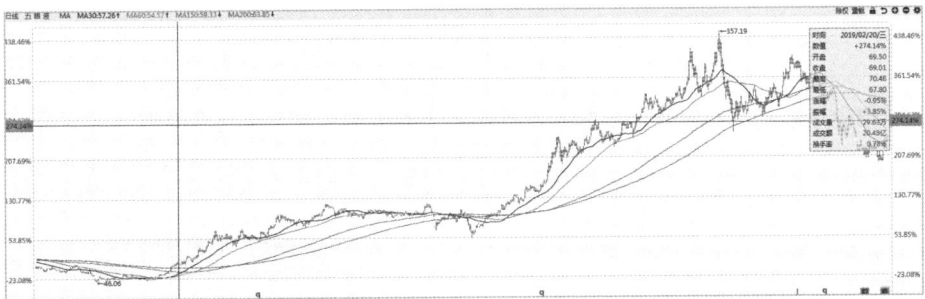

从下图可以看到,五粮液的利润从2015年的60亿元左右增长到2020年的200亿元左右,所以企业的成长才是关键,低市盈率只会让你亏损,具备成长优势

的低市盈率才具备投资价值。

科目\年度	2020	2019	2018	2017	2016	2015 ≫
成长能力指标						
净利润(元)	**199.55亿**	**174.02亿**	**133.84亿**	**96.74亿**	**67.85亿**	**61.76亿**
净利润同比增长率	14.67%	30.02%	38.36%	42.58%	9.85%	5.85%
扣非净利润(元)	199.95亿	174.06亿	133.99亿	96.42亿	67.24亿	61.64亿
扣非净利润同比增长率	14.87%	29.91%	38.96%	43.40%	9.09%	5.17%
营业总收入(元)	573.21亿	501.18亿	400.30亿	301.87亿	245.44亿	216.59亿
营业总收入同比增长率	14.37%	25.20%	32.61%	22.99%	13.32%	3.08%
每股指标						
基本每股收益(元)	5.1410	4.4830	3.4740	2.5480	1.7870	1.6270
每股净资产(元)	22.08	19.14	16.36	14.05	12.40	11.41
每股资本公积金(元)	0.69	0.69	0.69	0.25	0.25	0.25
每股未分配利润(元)	15.31	13.30	11.28	9.93	8.69	8.01
每股经营现金流(元)	3.79	5.95	3.17	2.57	3.08	1.76

3.8.2　不要被高PE吓跑

我们都知道周期股在最低谷的时期，利润非常少，甚至还会亏损，所以市盈率显得非常高，但有经验的投资者往往在这个阶段才去关注，因为他知道这类品种会随着强周期的到来，股价越涨估值越便宜，市盈率在高位时反而是最低的，所以投资者不能一看到高PE就放弃跟踪和关注。

除了周期股以外，成长速度非常快的个股估值也从来没有低过，飞速成长的公司股票通常比市场上的股票要贵两倍以上，即使贵也更受市场欢迎，龙头股可能会比普通股贵三倍以上。

投资者往往会被过高的市盈率吓跑，但是在公司利润能够持续稳定高速增长时，市盈率会高得离谱，传统的估值系统会全部失去作用，因为无论用任何一种估值方法都显得太贵了，但有意思的是，这类公司股价很少有大幅度回调的机会，随着利润的释放一次又一次地创造着历史新高，我们总是会听到身边的人说这太贵了，很快就会崩盘了。

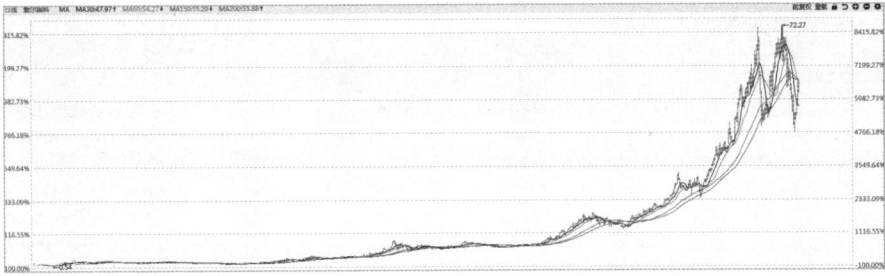

科目\年度	2020	2019	2018	2017	2016	2015 ≫
成长能力指标						
净利润(元)	17.24亿	13.79亿	10.09亿	7.43亿	5.57亿	4.28亿
净利润同比增长率	25.01%	36.67%	35.88%	33.31%	30.12%	38.44%
扣非净利润(元)	**21.31亿**	**14.29亿**	**10.79亿**	**7.76亿**	**5.47亿**	**4.60亿**
扣非净利润同比增长率	49.12%	32.42%	39.12%	41.87%	18.86%	45.58%
营业总收入(元)	119.12亿	99.90亿	80.09亿	59.63亿	40.00亿	31.66亿
营业总收入同比增长率	19.24%	24.74%	34.31%	49.06%	26.37%	31.79%
每股指标						
基本每股收益(元)	0.4231	0.3432	0.3265	0.3231	0.3690	0.4400
每股净资产(元)	2.39	2.13	2.39	3.29	2.75	2.43
每股资本公积金(元)	0.58	0.18	0.56	1.42	0.52	0.15
每股未分配利润(元)	0.67	0.84	0.76	0.85	1.34	1.15
每股经营现金流(元)	0.81	0.67	0.59	0.84	0.67	0.53

从上面两张图中可以看到，爱尔眼科的估值从来就没有便宜过，但股价仍然是一直上涨。大多数好的成长股不会有过低的市盈率，30倍的估值买入就很划算了，如果你总想用低市盈率的投资方法来考虑，很有可能会错过某一时期最好的股票。就像你在小卖部可能会买到低于市价的普通酒，但你绝不会买到低于市价的53度飞天茅台，这些生活中的小常识大家都懂，但是在股票投资市场中很多人就不明白了，总想捡到便宜货，等你捡到了，可能它就真的开始便宜了。

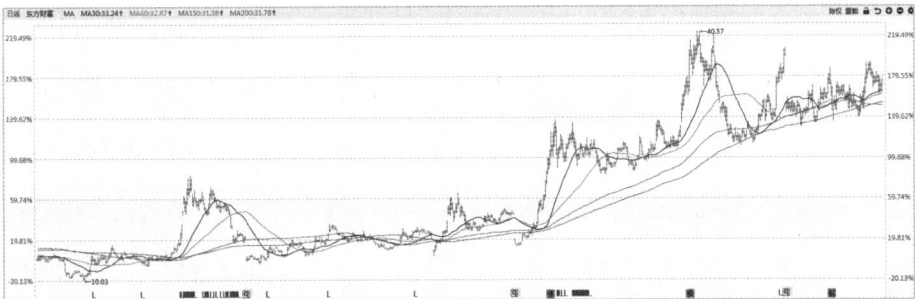

按报告期	按年度	按单季度				☐ 显示同比
科目\年度	2020	2019	2018	2017	2016	2015 »
成长能力指标						
净利润(元)	**47.78亿**	**18.31亿**	**9.59亿**	**6.37亿**	**7.14亿**	**18.49亿**
净利润同比增长率	160.91%	91.02%	50.52%	-10.77%	-61.39%	1015.45%
扣非净利润(元)	47.11亿	17.85亿	9.47亿	6.16亿	5.95亿	17.96亿
扣非净利润同比增长率	163.98%	88.43%	53.87%	3.43%	-66.86%	1002.51%
营业总收入(元)	82.39亿	42.32亿	31.23亿	25.47亿	23.52亿	29.26亿
营业总收入同比增长率	94.69%	35.48%	22.64%	8.29%	-19.62%	378.08%
每股指标						
基本每股收益(元)	0.5788	0.2313	0.1549	0.1240	0.1716	0.6054
每股净资产(元)	3.85	3.16	2.80	3.14	3.60	4.41
每股资本公积金(元)	1.68	1.33	1.07	1.46	1.92	2.38
每股未分配利润(元)	1.11	0.76	0.66	0.61	0.61	0.91
每股经营现金流(元)	0.53	1.75	0.52	-1.44	-1.19	0.30

从上图中可以看到，东方财富2018年股价在最底部的时期，市盈率高达70倍，随着它从底部的上涨，市盈率短期变得越来越高，如果你觉得估值过高拒绝关注它的成长的话，你今天会惊奇地发现，越涨估值越低了，按当时（2021年）预期业绩来计算，已经不到50倍了，但是复权股价已经涨了6倍以上，如果明年股价没大涨，估值降低到40倍是大概率事件。反观同期的证券龙头中信证券，在2018年时市盈率20倍，2020年股价的最高点计算市盈率30倍左右，股价刚好涨了1倍，比起东方财富的投资收益简直天差地别。

3.8.3　亏损和市盈率没有关系

纯粹的价值投资者会比较注重短期的估值优势，会远离估值偏高的公司股票，认为贵的东西就应该降价，价值回归到不贵的程度，在这个过程中可能会亏损掉本金。但是前面我们讲过了，好的东西性价比从来没有高过，你听过购买宾利、法拉利的人说自己的车真便宜，性价比真高吗？股市中让你亏损的股票绝对不是市盈率过高的股票，而是那些利润增长没有达到预期的股票造成的，换句话说，你有多高的市盈率就应该有相同的增速来匹配，如果你增速够，那么就会越涨越便宜，反之增速不够，那才是真正的风险，但是低市盈率的股票虽然人们预期并不高,但是公司的利润如果下降,一样会低于预期,股价一样存在下跌的可能,所以低市盈率并不是安全的避风港,很多书中也写过,以为4倍的市盈率很低了,没想到它会跌到2倍。

彼得·林奇曾经说过,远射总是脱靶。所以对于过于遥远的预期成长也要注意回避。很多市场情绪都非常疯狂,比如××公司的产品十年后会称霸全球,所以现在的高估值也是在预期内的,但是短期的增长却和预期差距非常大,合理的市盈率估算需要十年才能匹配,面对这种机会,还是敬而远之为好,因为成功的概率非常低,大多数公司都在历史的长河中以各种原因消失了。这样的案例有很多,投资者都预期某"明星"公司会在未来成长为一家全球最伟大的公司之一,但是再丰满的理想也无法阻止现实的残酷,该"明星"公司最终"爆雷",从众人的视线中消失,众多投资者因此损失惨重。

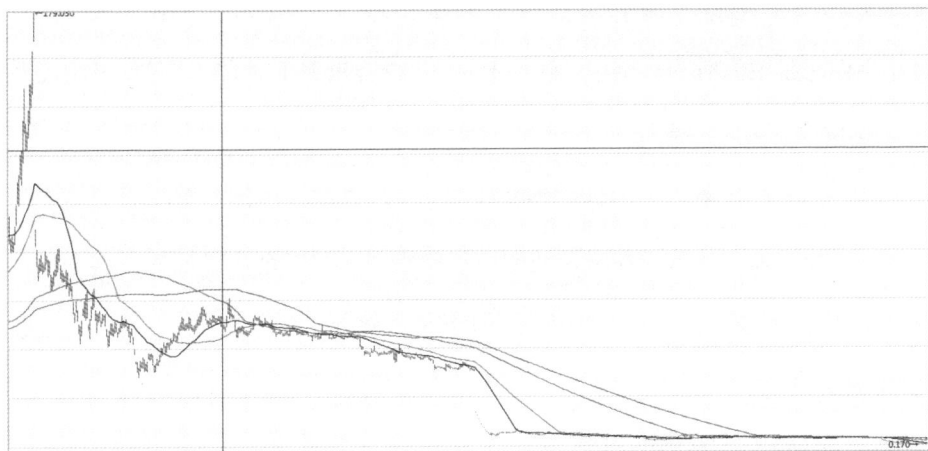

上图为乐视网从高位一路下跌的K线图。

3.8.4　市盈率的变化更多反映的是人的情绪

大众化的想法都是股价是可以通过计算得出结果的,比如业绩的增长和内在的价值等,其实股价的涨跌与公众的想法截然相反,股价的涨跌不建立在客观的、科学的、数学的内在价值基础之上。

如果是这样，电脑的计算能力非人力可及，用计算机投资就能轻松聚集财富了，如果分析财报是股票投资必胜的方法，注册会计师都应该是投资股票的高手了。

事实上，这些投资方法会存在非常大的幸存者偏差，世界上没有万能公式和投资方法可以长期稳定地获取超额收益，股价的涨跌都是和人的情绪有很大关系，反身性理论可以很好地描述这一现象，股价有很强的主观性和动态性，除了客观上公司真实的成长外，影响股价最重要的原因在于预期。

人们通过各种估值系统对股票进行估值，然后预期它的未来，如果预期前程似锦，那就愿意为之付出资金，价值不会推动股价涨跌，股价的涨跌是受资金推动的，价值是价格体现的一部分原因，价格最终还是受到资金推动来决定的，也就是市场需求是否旺盛，你只有意识到这一点，才能真正摆脱对高市盈率的恐惧。当你对股票价格的真相越了解，最终执行操盘准则时才能不迷茫，五阶段理论的运用成功率才会更高。

总之，低市盈率不会给你的投资带来成功，高市盈率也不会给你的投资带来亏损，投资本质的回报在于企业的成长和投资者对于企业以后的发展预期，好的成长和预期才会吸引资金进入，资金才会推动股价上涨，价值不会造成股价的波动。

在追求成长和预期的同时，也要注意合理性，成长和估值要匹配，过于遥远的预期也要远离，不要过度追求市盈率。

有很多非常经典的反面案例。贵州茅台、东方财富、招商银行等都是很好的正面案例，从中都可以很好地理解市盈率的本质。

3.9　深度了解公司, 预期公司未来

3.9.1　了解公司的营收结构

通过前面的知识, 大家可以很快判断出公司股票处在哪个阶段, 财务状况是否良好, 成长性如何, 估值是否合理, 接下来能否投资的重点就在于未来的预期如何, 预期才是股价涨跌的关键之一。

对公司的合理预期需要对公司有一定的了解。首先需要了解营收结构, 如果连公司主营的业务和所处的行业都不了解, 那么你对公司的预期肯定会偏差很大, 比如你看好猪周期的反转, 首先要考虑投资主营业务是猪养殖的, 营收结构占比越高越好, 我们通过下图可以看出每家企业的占比差距非常大。

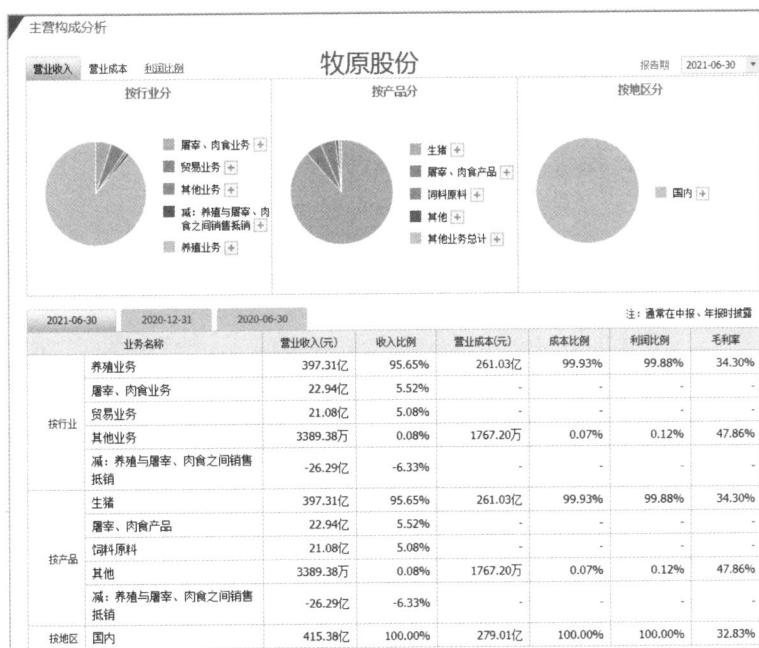

	业务名称	营业收入(元)	收入比例	营业成本(元)	成本比例	利润比例	毛利率
按行业	养殖业务	397.31亿	95.65%	261.03亿	99.93%	99.88%	34.30%
	屠宰、肉食业务	22.94亿	5.52%	-	-	-	-
	贸易业务	21.08亿	5.08%	-	-	-	-
	其他业务	3389.38万	0.08%	1767.20万	0.07%	0.12%	47.86%
	减:养殖与屠宰、肉食之间销售抵销	-26.29亿	-6.33%	-	-	-	-
按产品	生猪	397.31亿	95.65%	261.03亿	99.93%	99.88%	34.30%
	屠宰、肉食产品	22.94亿	5.52%	-	-	-	-
	饲料原料	21.08亿	5.08%	-	-	-	-
	其他	3389.38万	0.08%	1767.20万	0.07%	0.12%	47.86%
	减:养殖与屠宰、肉食之间销售抵销	-26.29亿	-6.33%	-	-	-	-
按地区	国内	415.38亿	100.00%	279.01亿	100.00%	100.00%	32.83%

从牧原股份和大北农的营收结构可以看出, 牧原股份养猪占比95%以上, 大北农占比只有15%。如果你看好猪周期的反转机会, 那么你投资牧原股份肯定是

最佳的选择, 猪肉价格的上涨会更多地提升企业的利润占比, 你投资大北农肯定事倍功半, 因为大北农更多的是靠饲料原料产品, 它大概率是跟随市场上涨。

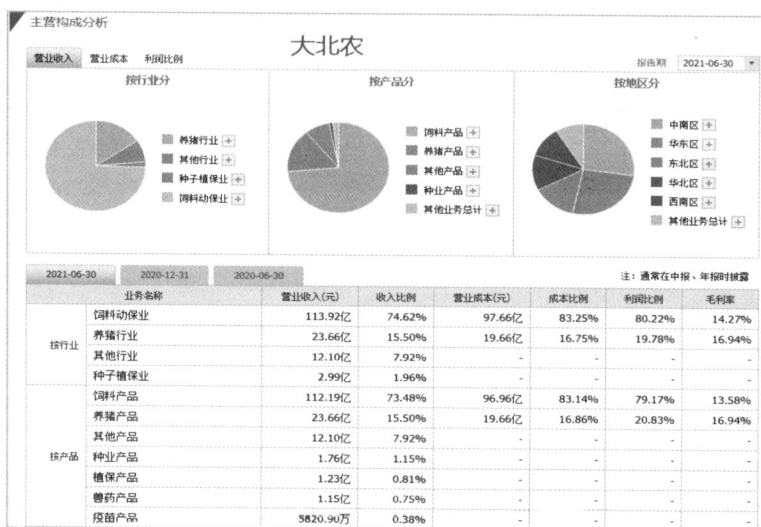

	业务名称	营业收入(元)	收入比例	营业成本(元)	成本比例	利润比例	毛利率
按行业	饲料动保业	113.92亿	74.62%	97.66亿	83.25%	80.22%	14.27%
	养猪行业	23.66亿	15.50%	19.66亿	16.75%	19.78%	16.94%
	其他行业	12.10亿	7.92%	-	-	-	-
	种子植保业	2.99亿	1.96%	-	-	-	-
按产品	饲料产品	112.19亿	73.48%	96.96亿	83.14%	79.17%	13.58%
	养猪产品	23.66亿	15.50%	19.66亿	16.86%	20.83%	16.94%
	其他产品	12.10亿	7.92%	-	-	-	-
	种业产品	1.76亿	1.15%	-	-	-	-
	植保产品	1.23亿	0.81%	-	-	-	-
	兽药产品	1.15亿	0.75%	-	-	-	-
	疫苗产品	5820.90万	0.38%	-	-	-	-

再如之前举例过的招商银行和民生银行的股价表现情况差距非常大, 同是银行业为什么差距这么大呢? 因为市场对银行的预期不是非常高, 但是对零售型银行是比较看好的, 因为零售型银行的成长性和估值都比传统银行更有想象力。

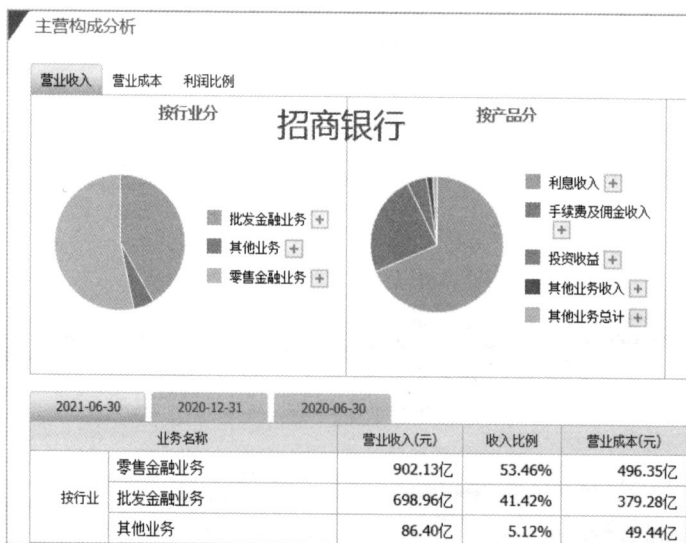

	业务名称	营业收入(元)	收入比例	营业成本(元)
按行业	零售金融业务	902.13亿	53.46%	496.35亿
	批发金融业务	698.96亿	41.42%	379.28亿
	其他业务	86.40亿	5.12%	49.44亿

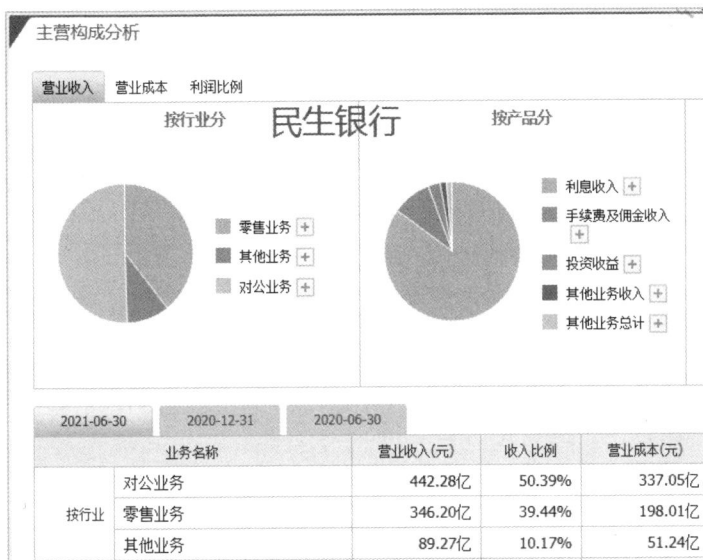

	业务名称	营业收入(元)	收入比例	营业成本(元)
按行业	对公业务	442.28亿	50.39%	337.05亿
	零售业务	346.20亿	39.44%	198.01亿
	其他业务	89.27亿	10.17%	51.24亿

从上面两张图我们可以看出,招商银行零售业务占比53%,民生银行占比只有39%,当你看好零售银行时,当然首选招商银行了,招商银行股价表现也走出了与民生银行完全不同的走势。

3.9.2　了解公司利润增长的来源在哪里

公司的股票涨跌是由利润的增长和投资者的预期造成的,我们投资一家公司,就要清楚它的利润增长来源是哪里?你只有知道利润增长的来源,才能合理地预期股价的趋势,能够导致利润大增通常有以下五点:

1. 周期性行业进入强周期

这是最容易理解的一种现象,产品涨价,利润自然大增,比如锂因为新能源车的大力发展,涨价预期非常强烈,你投资营收结构锂占比高的公司肯定会有一个好的投资回报。

2. 行业垄断者

公司体量做大以后会对一个行业形成垄断性质,这就能保证利润的稳定增长，这类公司只要行业不在弱周期，随时随地可以更多地释放利润。

3. 困境反转

有的公司经历过一段艰苦的时期，经过业务调整以后会走出困境，一旦走出困境，这类公司往往在初期利润会大幅度增长，但是这类企业的持续性还是要多加思考的。

4. 创新产品

从零到一的增长是最值得投资的公司，一是新产品受到专利保护，利润有保证；二是有先发优势，在以后的竞争中往往也会有很大的优势。

5. 政策支持，符合时代的发展趋势

这类行业属于高景气度行业，行业里最容易出现利润大幅度增长的公司，投资者对公司的预期往往也会非常高。

投资者通过过去的财报、信息和图表来预测股价的未来，可叹的是股价通常一点儿也不在乎过去怎么样，它只关心未来的成长和预期，好的股票总会超过市场的预期，股价一次又一次地冲顶，投资者要注意避免曾经风光过的明星股票。如果你因为某企业的股票过去涨得非常好，追随大众思想去追热门股票，往往不会有好的回报。我们需要不停地寻找那些底部的潜力股，有些可能是你之前根本没有听说过的企业，这就需要投资者勇于跳出自己的舒适圈，拓展自己的能力圈，敢对陌生的企业率先发起研究。

拿东方财富举例，过去的证券主要以线下推广为主，国内的证券龙头以中信证券为主，它是2007年牛市中涨得最好的证券，但时过境迁，进入了互联网时代。在2018年底，股市已经历多年的调整，市场非常低迷，成交量非常少，整体估值几乎已经到达历史最低点，有经验的投资者已经察觉市场到了熊市的最后期，没有只跌不涨的股市，未来牛市终究会到来。牛市到来证券行业往往最为受益，但是

进入互联网时代，具备互联网基因的东方财富才是未来证券的流量之王，传统的证券公司成长性肯定无法和东方财富相比，东方财富的成长和预期也在随后的股价上涨中逐步兑现，投资东方财富的投资者一般都获得了丰厚的回报。

新能源车在近几年也是一个从零到一增长的经典案例，也是典型的符合时代发展，政策受益的行业发展机会，整个产业链也非常长、非常宽，从整车到零配件，再到电池和芯片，最后一直衍生到上游原材料，都经历了一波大涨，投资新能源车产业链的投资者也都获得了非常丰厚的回报。

3.9.3　了解公司的护城河是否足够宽

在分析一家企业是否具备长期成长能力的一个标准就是护城河是否足够宽。这个概念是巴菲特提出的。护城河概念是指企业抵御竞争对手对其攻击的可持续竞争优势——如同保护城堡的护城河。护城河是企业能常年保持竞争优势的结构性特征，是其竞争对手难以复制的品质。一些常见的优势但不是护城河，例如：优质产品、高市场份额、有效执行、卓越管理等。

具体来说，真正的护城河可以分为五类：无形资产、转换成本、网络效应、成本优势、规模优势。

企业拥有的无形资产，如品牌、专利或法定许可，能让该企业出售竞争对手无法效仿的产品或服务（强弱排序：法定许可＞专利＞品牌，品牌需要费用支出广告、宣传等来维护）。

企业出售的产品或服务让客户难以割舍，这就形成一种让企业拥有定价权的客户转换成本（例如银行、电话卡、金融服务机构等）。

有些幸运的公司还可以受益于网络经济，这是一种非常强大的经济护城河，它可以把竞争对手长期拒之门外（在信息类或知识转移型行业中更为常见，网络必须是封闭的）。

有些企业通过流程、地理位置、经营规模或特有资产形成成本优势，这就让它们能以低于竞争对手的价格出售产品或服务（成本优势可能来自四个方面：低成本的流程优势、更优越的地理位置、与众不同的资源和相对较大的市场规模）。

企业的规模优势是成本优势的一种。考虑规模带来的成本优势时，请务必记住，最关键的并不是企业的绝对规模，而是和竞争对手相比的相对规模（规模带来的成本优势可以分为三个层次：配送、生产和利基市场）。

拥有护城河的公司比没有护城河的公司从长期的视角来观察，利润更加稳定，但是我们要清楚从中短期1～3年的波段周期行情来看的话，护城河不一定能起到多大的作用，所以不要过度迷信护城河带来的效果。

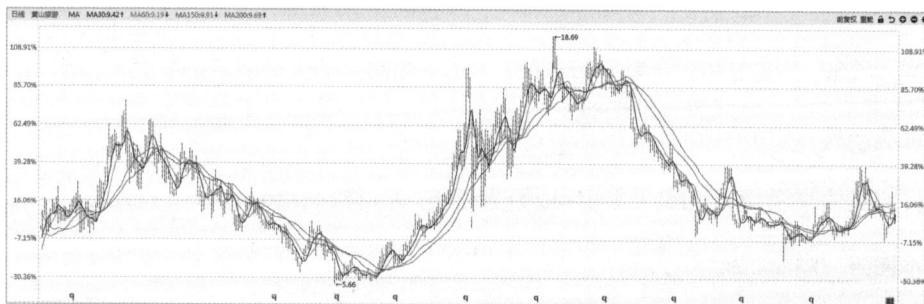

上图是黄山旅游，护城河极深，这是从2009年到2021年的K线图，股价经历十几年仍然在原地。

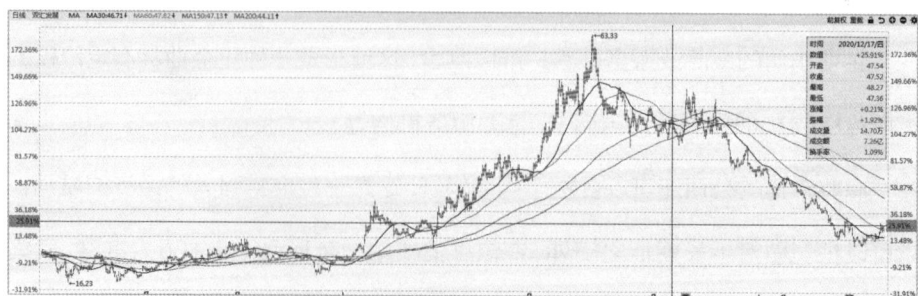

上图是双汇发展,作为国内最知名的肉制品加工品牌,股价从2018—2021年涨幅并不大。

建议大家用动态的视角去思考,护城河不是一成不变的,我们总是在市场中听到一些声音,把过去可以称为护城河的东西继续拿来使用,其实随着时代的变迁,很多过气的护城河早已失效了,比如苏宁电器,以前强大的护城河早已被时代遗弃。所以我们关注护城河的同时要注意时效,下图是宁德时代,其护城河就非常符合这个时代的特征,它的供应链管理、产能规模、产品技术、市场份额等全方位领先优势造就了强大的护城河,很难被其他企业所替代,股价和估值也都自然出现了双高。

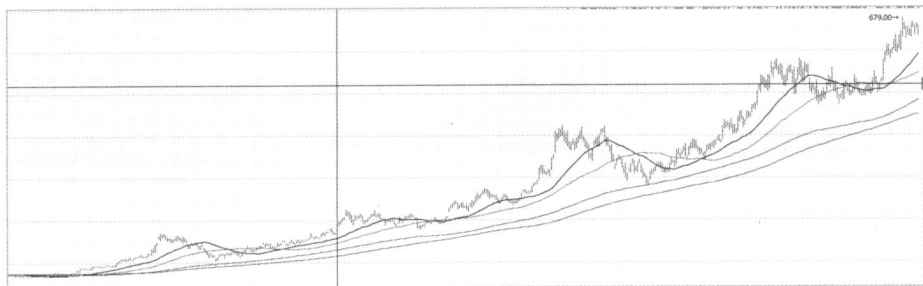

很多细分行业的龙头公司在某个领域都具备领先优势,称为隐形冠军,投资者也要认真分析这类企业的护城河,这类企业往往也具备极高的投资价值。

3.9.4　了解公司的竞争对手

我们有时候关注到一家公司,可以通过这家公司来了解行业的龙头是哪家公司,它的竞争对手是哪家公司,有时候竞争对手比它更值得投资,这是非常好的一个选股路径。

有的行业里可能会出现两家龙头公司,各有各的优势和特点,营收也非常接近,很难准确判断。

按报告期	按年度	按单季度	罗莱生活				显示同比
科目\年度	2020	2019	2018	2017	2016	2015	>>
成长能力指标							
净利润(元)	**5.85亿**	**5.46亿**	**5.35亿**	**4.28亿**	**3.17亿**	**4.10亿**	
净利润同比增长率	7.13%	2.16%	24.92%	34.85%	-22.63%	3.01%	
扣非净利润(元)	5.56亿	4.67亿	4.32亿	3.84亿	2.66亿	3.24亿	
扣非净利润同比增长率	18.85%	8.14%	12.69%	44.23%	-18.01%	-12.19%	
营业总收入(元)	49.11亿	48.60亿	48.13亿	46.62亿	31.52亿	29.16亿	
营业总收入同比增长率	1.04%	0.98%	3.24%	47.89%	8.11%	5.59%	

按报告期	按年度	按单季度	富安娜				显示同比
科目\年度	2020	2019	2018	2017	2016	2015	>>
成长能力指标							
净利润(元)	**5.16亿**	**5.07亿**	**5.43亿**	**4.93亿**	**4.39亿**	**4.01亿**	
净利润同比增长率	1.89%	-6.72%	10.11%	12.40%	9.42%	6.55%	
扣非净利润(元)	4.82亿	4.37亿	4.90亿	4.60亿	4.09亿	3.80亿	
扣非净利润同比增长率	10.33%	-10.88%	6.68%	12.33%	7.81%	5.50%	
营业总收入(元)	28.74亿	27.89亿	29.18亿	26.16亿	23.12亿	20.93亿	
营业总收入同比增长率	3.06%	-4.44%	11.55%	13.18%	10.46%	6.24%	

从上图可以看出，家纺行业的两家龙头公司：罗莱生活和富安娜，在历史的财报中各有千秋，整体营收差距不大，对于未来谁能遥遥领先并没有明显的依据，对于这种情况，就要按照五阶段理论来选择股票，如果都符合，最好将仓位分成两份来投资，根据后续情况来操作，任何时候，押一头的做法我都是不推荐的。

3.9.5 利用互联网优势

现在互联网信息非常发达，很多机构的研报都可以免费查看，也有很多自媒体、专家喜欢把自己的研究分析结果分享到互联网，我们要多利用互联网来了解各个行业、各只股票的情况，不要怕陌生的知识，要勇于跳出舒适区，拓展能力圈。很多人对于能力圈有错误的认识，认为一个人研究消费，就必须只懂消费，懂其他的行业就是不专业。我们是做投资，不是搞研发，任何一个投资有成就的"大师"，没有一个是只投资一个行业成功的，必然涉的行业非常多。

但是我们要注意一个问题，互联网的信息虽然是免费的，但是免费的东西有时候反而是最贵的，因为我们的时间成本也是成本，你大量的时间浪费在无用的信息上面，肯定会降低你整体的投资效率，毕竟如今股市的体量非常大，即使我们已经非常努力了，你还是会发现错失掉很多机会，很多股票都是已经进入第四阶段，非常火爆时你才了解到，如果你没学过五阶段理论可能会高高兴兴地去接盘，因为那是股票最完美的时间段，学过以后就要以远离观察为主了。

如何提高效率呢？首先关注专业性强的自媒体，专业性强的自媒体对一些经济数据、时事新闻、政策法规等都会有很好的解读，比你自己去收集资料、解读要有效得多。还有一些盘后总结的自媒体，可以帮助你总结一下今日的股市情况，花几分钟听听可以对市场更加了解一些，也许下一个风口行业就在今天开始启动，后面还有很多机会等待你去挖掘。还有一些个人投资者也喜欢分享信息，多关注有实盘分享的个人投资者，实盘操作和理论操作完全是两回事儿，理论可以完美，实盘没有如果。不结合实盘分析的理论都是没有价值的，很多人讲价值投资，讲周期性原则，讲成长股的远离，讲什么都头头是道，但是和实盘组合却表现很差，这就是理论和实盘的差距。

这就好比有的人台下对拳术讲得非常精彩，但是上台只有挨揍的份儿，因为理论和实战是两码事儿。就好比有人谈价值投资，理论只会拿出经典的成功案例来证明他的观点，但是因为价值投资选错标的和时机导致亏损严重的案例绝口不提。实战需要考量的知识非常多，每个人的资金体量、知识架构、风险认知、预期回报都相差甚远，那些理论普遍不会考虑各种因素，只是通过大量的案例影响着你的认知，听着有道理，实则一点用处都没有，还有很多误导的作用。遇到投资成绩稳定的也可以参考他的实盘，用五阶段理论反推他持有或是推荐的股票是否值得购买。

3.9.6 有条件就实地考察

很多公司的研报和所谓专家的分析都是建立在数据之上的,根本没有去实地调研过,我并不推荐每只股票都去实地调研,因为财报的强力增长和投资者的预期才是关键,过度浪费时间和精力也可能得不偿失,但是如果能顺手就调研的公司,还是要实地考察一下。

比如你逛街时,可以观察一下公司产品的有效期、库存。有机会和销售人员了解一下公司的销售政策,客户的喜爱程度,这些信息都会构建你的认知,帮助你对公司的了解更加深入。

举一个实例,2017年我通过一些演讲感觉到保健品这个行业非常有前途,经过做功课很轻松就了解到汤臣倍健是国内第一品牌,我去药店看了看产品摆放位置和推荐度都还可以。联系了做汤臣倍健的业务员,这个业务员和我说,最开始卖不出去,后来健力多广告宣传到位,现在的产品非常好卖,安排在药店门口检测,一天卖好多,利润也高,连锁也支持,现在这个产品销售处于上升期。

我回去发现股价却在一路创新低,研报预期力度不高,预期EPS是0.42元~0.48元,我简单一算就觉得几年业绩大概率会超预期,这就是绝佳的买入机会。

2017年业绩大幅度超过预期,我也因此获得了丰厚的回报,持股一年半后在顶部卖出股票。

卖出理由是因为之前认识卖汤臣倍健的业务员都换厂家了,去药店看见竞品也越来越多,店员更喜欢推荐利润更高的其他品牌保健品,后期负面消息不断,整体销售都开始低迷,人们对保健品的认识也都越来越清楚,销售越来越难。

汤臣倍健通过外延式增长后,利润增长开始略显乏力,甚至还有商誉"爆雷",股价从卖出后走势并不好,即便现在算起来涨幅离卖点也不远,也验证了实际的情况,所以有条件,你去实体店了解一下情况,对你投资的认知比看数据更直观、清晰。

上图是汤臣倍健的K线图,可以从图中看到卖出后几年股价涨幅并不大,趋势保持还算完好,没有跟随趋势持续上涨最根本的原因还是投资者预期较高,但是实际的情况和投资者的预期是有差距的,利润的增长没有超过预期值。

3.10　警惕已经伟大过的公司

3.10.1　没有永远伟大的公司

前面多次讲到很多投资者都喜欢投资所谓伟大的公司,觉得买入曾经伟大的公司就能和时间做朋友,只要长期持有就可以获得丰厚的回报,这是一个非常危险的观点,一个伟大过的公司往往伴随着股价也已经伟大过,很有可能已经进入第四阶段,当你买入很快迎来第五阶段,很多公司从此以后不再伟大,想想乐视网,想想暴风科技,想想华谊兄弟,想想中国石油,想想中国船舶,想想苏宁电器,想想国美电器,未来是无法预知的,我们需要用准则来帮助我们战胜市场,过度迷信好公司是非常危险的念头,当然我不否认很多伟大的公司经过时间的洗礼最终又创出新高,但是投资者未必能扛住,毕竟时间也是成本。

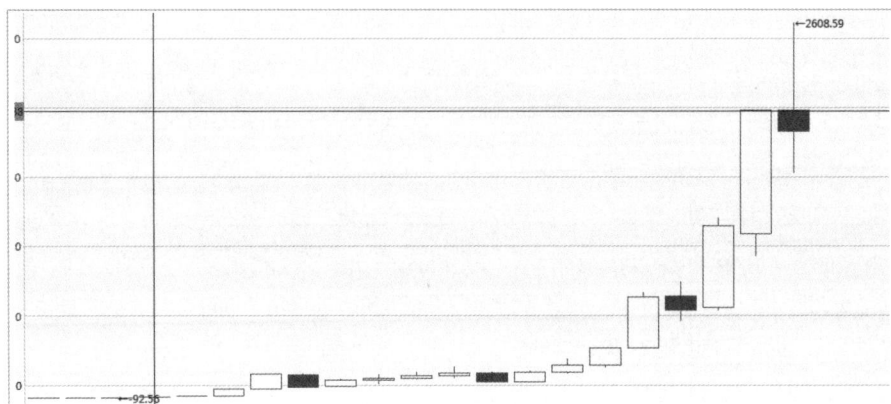

上图是贵州茅台年线,如果2007年第一个高点你因为贵州茅台是个伟大的公司而投入的话,那么你会经历八年左右的时间没有好的收益,我们从现在回头看茅台最终股价迎来了大涨,但是你如果深陷其中,八年足以摧毁你的认知和意志。

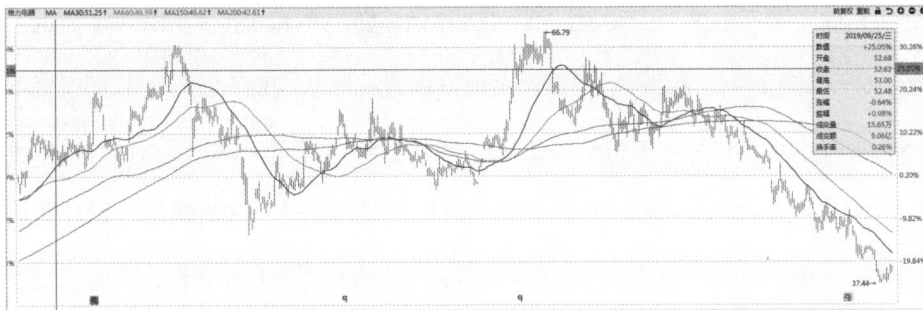

　　上面三张图分别是爱尔眼科、海天味业、格力电器，它们都是曾经受到市场热捧的公司，近几年股价涨幅不大，波动不小，近期又遇到腰斩，这就是投资曾经伟大公司带来的后遗症，这个市场没有永远的神话，越是伟大越要远离，远离第五阶段，风险控制才是长期制胜的"法宝"。

3.10.2　跳出舒适区，拓展能力圈

　　勇于跳出舒适区，拓展能力圈，这句话在书中提到不止一两次了。曾经有"大师"提出要投资自己熟悉的、能力圈内的股票。所以很多投资者对这句话有了深深的误解，认为做投资就必须把一个行业和一只股票研究得深入，然后再去投资，这是非常错误和危险的一种观点。

　　我是认可不熟悉就不要做的观点，因为当你决定买入一只股票，你都不愿意花费半个小时的时间对它做一次全面的"体检"，那么我觉得就是对投资非常不重视。当然，半个小时有时很难彻底了解一只股票全面的信息，但是五阶段理论可以作为任何行业投资的切入口，技术形态本身也包含市场对基本面的认可程度，当处于第三阶段的股票通常伴随着基本面的好转。彼得·林奇也有先买入股票后跟踪研究的成功先例，所以投资成功的本质主要是源于你的操作准则是否合理，和你主观对个股的研究是否深入关系不大，市场不会以你个人的意志而运行。

　　我们不是来做研发也不是搞科技的，巴菲特虽然投资苹果，但是你让他去做

部手机他也做不出来，巴菲特投资比亚迪，他真懂汽车和电池的技术吗？他也不懂，他只需要了解这个业务的前景是否值得投资就可以。我们也一样，我们投资不需要把技术学成专家才去投资，我们了解到这个技术是干什么的，在什么地方可以应用，行业前景如何就足够了，在配合我们的基本面分析和五阶段理论还有后面讲的一些知识就足够了。我没有听说哪个行业的专家通过投资自己行业的股票终身成功的故事，因为行业都是有周期的，他享受到了强周期，就会在弱周期里消失不见。无论是巴菲特，还是彼得·林奇，还是西蒙斯或者任何一位投资"大师"，没有通过投资一两个行业就成为市场大赢家的先例。

大多数行业知识需要一个慢慢积累的过程，有经验和有经历的投资者确实是有优势的，他可以节省大量的时间去分析和研究其他，但是没有经验也不需要担心，要勇于开拓自己的能力圈，多用些时间和精力就可以了解了。

很多投资者研究明白一个行业就喜欢待在自己熟悉的行业和股票中，主观性极强，没有操作原则，就是长期持股，脑子总是想的那些拥有大运气的人，觉得自己也是幸存者偏差的那一个，自己选得就是未来伟大的公司，别人选得都不是，十几年下来发现坐了一遍又一遍的过山车，投资收益非常普通，而且在这个行业和个股不受市场追捧时，持股体验是非常差的，心态要备受煎熬，极度考验内心。

人存在路径依赖，最喜欢的一个投资理念就是选择一只好的股票，长期持有甚至终身持有，不用每天付出太多时间和精力去分析和研究，轻松快乐，最终还有丰厚的投资回报。还是那句话，这个市场是有非常多的幸存者偏差，买彩票还有中奖的，买股票总有人在一个好的时机买入好的股票，长期持有后成功的。平常心对待就可以了，我们是要做抛开运气成分，科学性的，有理有据、有原则性的，确定性的操盘准则来获取稳定的回报，而不是活在后视镜里，每天懊恼没有买到所谓的好公司。

3.11　接受和发现新事物

3.11.1　这个世界最大的不变就是变

万事万物时刻都在变化之中，变就是不变，不变就是变，变中有不变的就是规律，宇宙万事万物都脱离不开这个关系，企业的基本面自然脱离不开这个关系。

柯达胶卷现在没人使用了，因为数字化时代彻底颠覆了它的价值，但是柯达在属于它的时代是当之无愧的伟大企业。诺基亚的骄傲不知道人们是否还记得，在当时，我从来没有想过苹果会取代诺基亚的霸主地位。国内的国美电器、苏宁电器如今的处境，但是我们发现很多新的事物正在崛起，淘宝、拼多多取代了传统的购物方式，微信取代了传统的联系方式，新能源车正在逐步取代传统的汽油车，光伏风电等新能源也在改变着这个时代的能源来源，这一切的迹象都在表明，世间的一切都在变化着，企业的基本面会变得越来越好，同样，也可能会变得越来越差，完全没有可能保持长期不变的状态。

很多投资者有依赖的心理，对一家公司研究明白以后，总是以这个标准来判断公司的价值，这就好比"刻舟求剑"。公司每时每刻在发生着变化，只是量变没有引起质变时，大多数投资者无法察觉而已。对于好的公司，我们要时刻观察它，争取在第一时间发现和判断出公司的拐点，这样才能避开危险。同样，对于差的公司，我们也要保持跟踪，因为它随时可能会变好，变好以后新的一轮机会就会到来。

好与不好都是来回转换的，股市本身有涨有跌才是其中的自然规律，市场中的公司有好的就有不好的，好的变成不好的，才有不好的变成好的。

投资的过程中要懂得矛盾共存,基本面分析和技术面分析结合在一起才更容易成功。后面讲到仓位管理也一样,很多投资者喜欢重仓个股,往往很难取得长久的成功,生活中也一样,任何一种事物极端化,都会有问题。

3.11.2　重点关注从零到一的机会

因为世间万物都存在着变化,所以公司有周期性表现,市场上有些投资者喜欢投资弱周期性的投资机会,追求永续增长的可能,我不否认这种投资逻辑的正确性,但是更容易致富的并不是传统的机会,而是新生的事物,从零到一,从无到有的机会。比如互联网时代,诞生了很多伟大的互联网公司,苹果取代传统手机的时代,苹果整个产业链都得到了巨大的发展机会,新能源取代旧能源的时代,投资者都在其中赚得盆满钵满,随着时代的进步,还会有很多意想不到的新事物诞生,投资者对于新事物要第一时间去跟进和研究,切勿错失良机。

第4章

基本功之技术形态分析

基本面分析可以让我们发现优秀的企业，也可以让我们跟踪优秀的企业，陪伴它一起成长，但是基本面分析有个致命的缺点就是过于主观，经常会出现你以为的就是你以为的。客观来讲，每个人是不可能完全清楚所有的信息和知识，都会有认知盲区，股票上涨经常和你买入的逻辑是完全不一样的，更多的不是逻辑的兑现，而是幸存者偏差。

股票上涨无论如何都是好事，但是股票下跌怎么办呢？所以我们需要其他技术来弥补我们认知的不足，有句下棋谚语"棋出必有因"，股市也一样，上涨和下跌都是有它内在的原因，你可能并不知道原因，但是要客观尊重市场，因为市场不是虚拟存在的，它是真实客观存在的。当然，市场很多时候的反应都是无效的，我并不是说尊重市场就要跟随市场涨就买，市场跌就卖，市场大多数的波动都属于"噪音"。我们用成熟的技术模型来看待这个市场，下面我为大家讲一些投资者应该了解的技术知识或者理论。

4.1　道氏理论的启发

4.1.1　什么是道氏理论

价值投资是基本面分析的核心基石，投资者从价值投资推演出很多新的投资方法，比如成长投资、周期投资、困境反转投资等，都是去挖掘公司内在价值变化的投资方法，如果你连最基础的价值投资理论都不理解的话，我觉得对其他投资方法也很难深入地理解。

道氏理论是所有技术分析的鼻祖，几乎所有的技术分析都是基于道氏理论推演或者变化而来, 波浪理论可以理解为道氏理论的复杂版, 本书的五阶段理论可以理解为道氏理论的简化版, 所以我们在讨论技术分析时首先要对道氏理论有个基本的了解, 就像你用基本面去分析投资股票, 却对价值投资的概念一无所知, 很难想象你的投资成绩能有多好。而且他流传下来的很多东西都在影响着投资者, 只是一些东西很久以来已经为人熟知和接受了, 大家都认为这是理所当然的。花点儿时间去了解道氏理论是绝对值得的。

道氏理论的创始者是查尔斯·亨利·道, 他在多个场所声称其理论并不是用于预测股市, 甚至不是用于指导投资者, 而是一种反映市场总体趋势的晴雨表。1902年, 在查尔斯·亨利·道去世以后, 《华尔街日报》的继任编辑威廉姆·皮特·汉密尔顿继承了道氏理论, 在27年的股市文章里, 将它们组织起来, 形成了我们今天所见到的道氏理论。

查尔斯·亨利·道被认为是股票市场平均值指数的创始人, 他在1897年1月设立了两个道琼斯平均值指数, 供他研究市场的趋势, 后来把30只工业股票和15只公用事业股票组合到一起, 构成了现在的道琼斯股票综合指数。指数对于投资者的意义非常大, 我们通过对指数的研究可以判断市场的总体估值和趋势, 甚至我们把投资回报好坏也通常和指数对比来评价。

所有股票投资者都能感受到股票总是齐涨齐跌, 很少有逆势上涨或下跌, 即使有, 这种逆向的状态也很难长时间维持, 投资者对于这种现象早就习以为常, 并没有对此现象重视起来, 道氏理论强调的一个观点就是整体的市场趋势。

4.1.2　道氏理论的三重运动原理

道氏理论认为股票价格是呈趋势波动的, 分为主要趋势、次级趋势和小型趋势。主要趋势在向上或者向下的运动中, 常常维持一年甚至好几年, 在市场价格变动20%左右时，就会被次级趋势打断，就是回调或者反弹，小型趋势就是日常波动，道氏理论认为这些波动是无足轻重的。

主要趋势认为每一次上涨的位置都比前一次上涨的位置更高，每一个次级的回调都比之前的回调位置更高，那么这个主要趋势就是向上的，这就是牛市。反过来，如果每一次下跌的位置都比前一次的下跌位置更低，每一次反弹都无法把价格涨回前期的高点，这个主要趋势就是下跌，这就是熊市。

主要趋势的意义在于确认牛市后尽早买入，确认熊市后尽早卖出，次级趋势和小型趋势会干扰主要趋势，但是无法逆转主要趋势，主要趋势也无法被人为干扰，即使财力再雄厚也无法对抗市场的趋势。

次级趋势是打断主要趋势价格进行中重要的回调或者反弹，从时间上来说，三个星期到几个月，很少比这时间更久，从空间上来说会回调或者反弹三分之一到三分之二，这个空间只是概率的表现，并不是一条不会打破的铁律，很多都会腰斩后停止回调，但很少有低于三分之一的。

次级趋势的意义在于我们识别次级趋势的两个标准：一是时间至少三周；二是空间至少三分之一，这就是一个真正的次级趋势。

小型趋势在道氏理论里认为时间不会超过三周，通常小于六天就结束了，所以它们对投资的意义并不大，只要明白小型趋势形成了更大型的趋势就可以了。

4.1.3　道氏理论的互相验证原理

道氏理论认为平均指数将所有因素消化在内。由于指数包含了成千上万的投资者综合的市场活动，每天的价格波动消化了所有已知的事情和预见的事情，即使是不可预见的自然灾害等事件，也会很快加以修正。

道氏理论有个确认的准则，就是两个平均指数必须互相验证，比如在熊市中沪深300指数和中证500指数同时开始反弹，反弹时间和空间差不多，再次下跌时沪深300指数没有创出新低，但是中证500继续创出新低，然后再次反弹时沪深300指数突破了上一次反弹的高点，而中证500没有反弹到前期的高点。道氏理论认为这是没有互相验证的，不能确定熊市是否结束，它需要两个类似的指数同步才能确认趋势的逆转。

　　道氏理论认为沪深300指数虽然已经不再创出新低，也反弹出了新的高度，有趋势逆转的形态，但是中证500仍然处在熊市下跌的趋势中，两个指数都在同一市场中，同步性极强，中证500的弱势最终会把沪深300再次拉回低点，让它的反转无效。

　　上面两张图是假象图，一张图表示已经突破趋势开始反转，另一张图表示趋势还没有确定反转，两个指数无法同步突破，趋势反转就不能确定，在趋势反转不能确定时，就假设之前的趋势仍然在持续。

　　道氏理论中这点是疑问最多的，并认为这个观点经受住了考验，不遵守这条准则的投资者都会后悔不已。

还有一条非常重要的准则，所有的分析都以收盘价来分析，不以日内的波动来分析，因为收盘价的数据才会对投资者的心理预期产生干扰，投资者心理方面的重要性道氏理论也非常重视，反身性理论对这一观点验证更加充分。

如果坚持道氏理论投资，回报能有多少呢？按照杜兰特的记录，从1897年投入100美元，到2005年可以达到345 781.94美元，年化收益率已经打败绝大多数专业的投资者了，如果把道氏理论应用到个股中，再进行人为的优化，那会不会有更加出色的投资回报？

4.1.4 道氏理论的缺点

道氏理论可以作为股票投资的实战理论吗？当然不可以。道氏理论最伟大之处在于其宝贵的哲学思想。

雷亚在所有相关著述中都强调，"道氏理论"在设计上是一种提升投资者知识的配备或工具，并不是可以脱离经济基本条件与市场现状的一种全方位的严格技术理论，根据定义"道氏理论"是一种技术理论；换言之，它是根据价格模式的研究，推测未来价格行为的一种方法。

道氏理论批评最多的一个理由就是反应滞后，道氏理论在每一次主要趋势确定前，会让投资者躲开前后三分之一，有时候根本不存在中间的三分之一，而且在趋势不明朗的市场，也就是震荡市场中，会让投资者反复交易，白白浪费交易费用甚至亏损，这在实战中让投资者根本无法坚持下去。

讲道氏理论的目的是想让大家对技术分析的底层逻辑有所了解，就像基本面投资者一定要先学习价值投资是一个道理，对其有所了解以后，我们再了解其他技术分析理论时就很容易了。

4.2　波浪理论最简单的理解和运用

4.2.1　认识波浪理论

波浪理论是美国证券分析家拉尔夫·纳尔逊·艾略特利用道琼斯工业平均指数作为研究工具而创建的一种理论。他提炼出市场的13种形态或波浪，在市场上这些形态重复出现，但是出现的时间间隔及幅度大小并不一定具有再现性。后来他又发现了这些呈结构性形态的图形可以连接起来形成同样形态的更大图形。于是他提出了一系列权威性的演绎法则用来解释市场的行为，并特别强调波动原理的预测价值，这就是久负盛名的艾略特波浪理论（Elliott Wave Theory），这是股票技术分析的一种理论。它认为市场走势不断重复一种模式，每一周期由5个上升浪和3个下跌浪组成。艾略特波浪理论将不同规模的趋势分成九大类，最长的超大循环波是横跨200年的超大型周期，而次微波则只覆盖数小时之内的走势。无论趋势的规模如何，每一周期由八个波浪构成，这一点是不变的。

4.2.2　波浪理论和道氏理论

道氏理论在早期时，有人使用潮汐、波浪和涟波来比喻，在海滩打一个柱子，以此来决定潮汐的方向。如果下一波浪将水面推到高过柱子的地方，他就知道涨潮了。他一直标记最高的位置，总有一浪会停止上涨，无法超过这个标记，这时，他就知道潮汐转向了，开始退潮了。当然，股市的波动是不可能这么有规律的。

如果把道氏理论比喻成大海，那么波浪理论就是指导投资者如何冲浪，我们经常能听到有人指出波浪理论和道氏理论的相似之处，几乎可以肯定的是，艾略特本人也研究过道氏理论，并将道氏理论贯穿到波浪理论中，两种理论都能反映出投资者的心理预期和其交易行为导致的股价运动。也有人说这算是一个道氏理论的升级版本。

4.2.3 波浪理论的周期

道氏理论只是提出了主要趋势和次级趋势，还有无关紧要的小型趋势，但是波浪理论对趋势的解释更加复杂和严谨。

波浪理论的一个完整周期包含上涨周期和下跌周期，这点和道氏理论的主要趋势和次级趋势类似，但是波浪理论又把上涨周期分为5浪，下跌周期分为A、B、C 3浪，因此完整的周期必须有8浪。

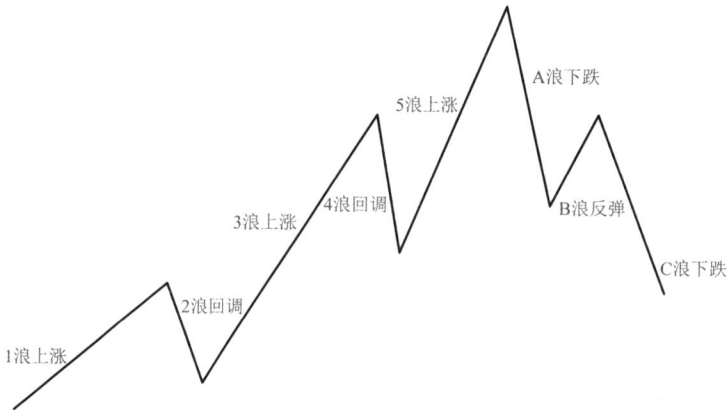

波浪理论有5个最简单易懂的基本准则：

a）一个完整的周期包含8个波浪，5个上涨波浪，3个下跌波浪。

b）波浪可合并为更高一级别的浪，也可分割成更小一级别的浪。

c）主趋势浪可以分割成第一级的5个子浪。

d）1浪、3浪、5浪为上涨浪，3浪不可以为最短的一个波浪。

e）4浪的底不可以低于1浪的顶。

4.2.4　波浪的层次

艾略特把波浪的层次划分为9级,上至200年的长周期,下至数小时的短周期,但是基本的8浪是不变的。

每一浪都可以向下一级别划分成小浪,而小浪同样也可以进一步继续向更下一级别划分出更小层级的浪。反之,每一浪本身也是上一级别波浪的组成部分。

如下图所示,把1浪和2浪划分成8个小浪,然后这8个小浪再细分共得到34个更小的浪。

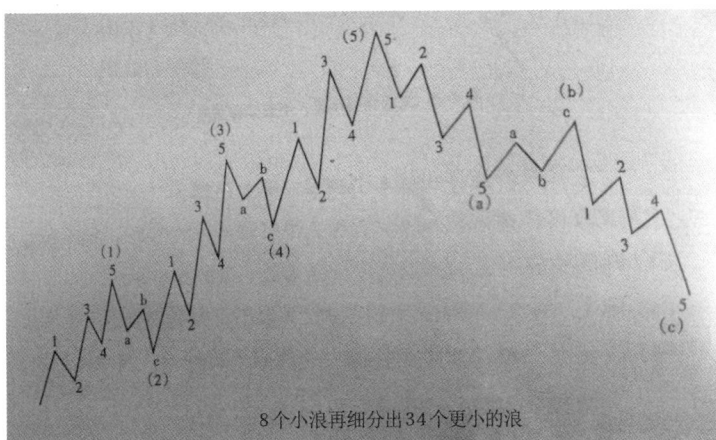

8个小浪再细分出34个更小的浪

上图(1)(3)(5)浪被细分成5浪结构,这是因为由它们组成的上一级别的浪的1浪是上涨浪,(2)(4)浪为逆向调整浪,所以只被细分为3浪结构。(a)(b)(c)3浪组成了上一级别2浪的调整浪,所以(a)(c)被细分成5浪,(b)是逆向反弹浪,被细分成3浪。

波浪理论最难的地方在于能否准确地辨认5浪和3浪的结构,这具有决定性的重要意义,因为各自有不同的预测意义,一组5浪结构通常意味着上一级的波浪仅仅完成一部分,除非就是第5浪。

牛市中调整浪绝对不会出现5浪,如果出现5浪那就意味着有更大一级别的调整刚开始,市场的下跌不是结束,而是刚刚开始,在熊市中反之亦然。

4.2.5　波浪理论的实战价值

1浪是周期循环的开始，由于1浪是扭转浪，下跌的趋势还没有完全结束，所以买方的力量并不强大，1浪的出现并不能改变投资者看空的态度，更多的是惜售导致的供应量减少，出现上涨波动，大多数1浪都属于底部筑底，底部完成以后开始缓慢上涨，通常来讲，1浪从空间和时间的维度来讲都是最短的。

1浪在实战中主要是给投资者一个信号，股市下跌趋势可能要逆转了，应开始关注市场了，寻找合适的入场机会了，如下图所示。

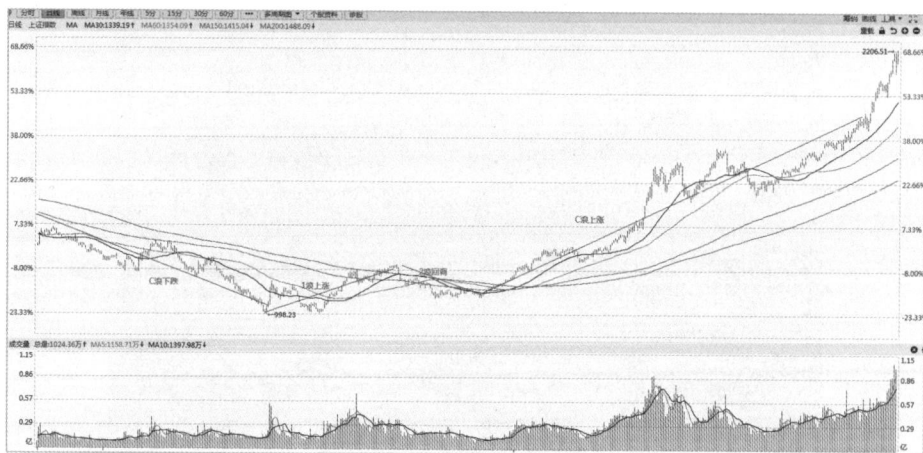

【实战案例分析】

2005年股市经过长期的下跌，如果投资者过早抄底损失会非常惨重，上证指数在跌破千点大关后股市出现了反弹，量能也明显放大，这就需要引起投资者注意了，市场的趋势可能就要逆转了。

2浪是下跌浪，由于1浪反弹过一段时间，大多数投资者还在下跌趋势的思路中，会利用这次反弹卖出手中的筹码，前期抄底的资金也有很多会选择获利了结，这就导致2浪的杀伤力有时候会非常大，经常会把1浪的涨幅全部吃掉。这时的形态就是大家常说的双重底、头肩底甚至三重底了。这个位置是投资者最佳的抄底机会。

2浪在实战中就是价值投资者的最佳买点,市场经过长时间的下跌,估值整体都非常低,通过1浪确认逆转后借助2浪的回调建仓,这期间建仓的成功率相对较高,避免抄底抄在半山腰,如下图所示。

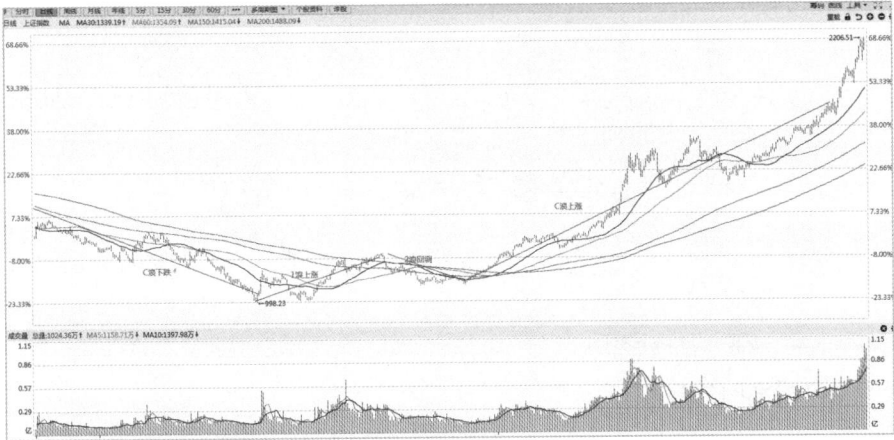

【实战案例分析】

股市从底部反复震荡,反复缩量放量后股市从998点涨到1 200点附近,符合道氏理论涨20%后开始回调的准则,股市从1 200点开始调整的三个月时间,给了投资者充足的底部建仓机会,随后迎来了3浪主升浪。

3浪就是牛市主升浪,第3浪涨幅通常是最大的,爆发性也是最强的。

经常出现跳空上涨的趋势也不足为怪,投资者要注意在这个主升浪中的跳空缺口未必会回补,很多投资者都认为缺口必补,往往错失良机。3浪的持续性通常也是最长的,经常会出现延长波浪的现象,投资者要注意3浪不断创新高是由很多小浪组成的,不要被3浪细分出来的小浪给冲下去,所以持股的投资者在上涨趋势没有结束前,要耐心持股。

3浪在实战中是投资者最赚钱的时期,这一期间市场会形成向上的趋势,趋势投资者会纷纷加入,场外资金会加速流入,在情绪和资金的推动下,股市会不断创出新高,作为经济的晴雨表,也会大幅度提升经济的活跃性,股市在上涨半年后，经济就会活跃起来，到底是因为经济活跃刺激股市涨，还是股市涨刺激经济活跃，这是鸡生蛋、蛋生鸡的问题。

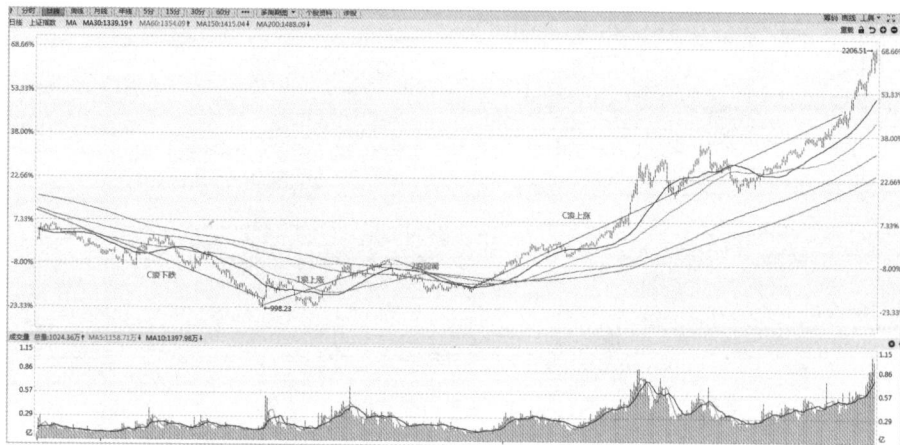

【实战案例分析】

上图中A股在经过1浪和2浪的筑底后，2016年开始逐渐走出了主升浪，主升浪在上涨期间受到政策支持，资金量也越来越多，多次走出了延伸浪，场内每个投资者都盈利颇丰，多空的争议也达到了顶峰，有看万点的疯狂多头，也有看空股市，认为股市会跌回2 000点以下的悲观者，可惜的是，股市不是科学或者数学，它不仅反映经济和公司的价值，更多的是反映出人性，人的情绪对股市价格的影响远远超过其内在的价值，纯粹的价值投资者很多都过早获利了结了。波浪理论等技术分析的价值就体现出来了，不是简单地依靠估值来理性投资，技术分析会帮助你更好地把握住股市的涨跌机会。因为市场趋势起来后根本无法用估值来计算，只有通过操盘系统和准则来要求自己，才能获取最大的投资回报。

4浪是行情大幅度上涨后的调整浪，在这一期间多空双方会展开激烈对抗，通常以较复杂的形态出现，波动比较大。4浪的调整幅度可能会非常大，但是不会低于前期1浪的顶部。

4浪在实战中往往难以避开，即使经验老到的投资者也很难避开，因为趋势仍然在继续,如果你总是想在趋势最好时卖掉手中的持仓,大多数的案例都会是过早地被洗下车,有经验的投资者或许在4浪刚开始就离场了,不过大多数投资者都在这个阶段出现利润回吐的情况,4浪因为是3浪大涨后的回调,所以个股价值的不同表现也不同,选股的能力在这一阶段非常重要,有的股票就算以后有5浪也会以失败告终,也就是说,涨到头了。好的股票还会有最后一浪的冲击。

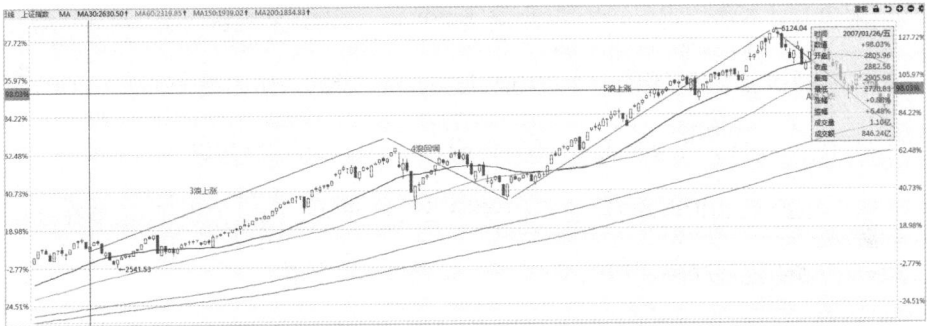

从上图中可以看出,上证指数在4 300点附近迎来了4浪回调,看似幅度不大,其实伤害性极强,因为很多投资者都是股市大涨才进来的,进来钱没赚多少,就迎来了4浪的回调,很多股票价格都腰斩,指数下跌幅度不大是因为权重股调整幅度不大,所以导致指数跌幅不大。

这次下跌背后有政策性因素,我们来回顾一下这次历史性的事件,如果你经历过,你就完全懂得风控的重要性,如果你没有经历过,那么希望你通过这次复盘让你对股市的风险有一个真实的认知。

2007年5月30日,证券交易印花税税率由现行的1‰调整为3‰。当天开盘有900多只个股跌停,证券交易印花税税率涨幅为200%,这是预防股市过热的一个信号。这一天,股市的开户总户数历史性地突破了1亿户,达到了10 027万户。

5月31日,上涨56点收盘,看上去股市上演了V形反转,已经止跌企稳了,但清点个股时,你就会发现不是那么回事儿。5月30日上涨的个股为237只,下跌的个股为612只,而且近170只个股依然封于跌停板上。2007年以来,是股就涨,可唯独金融、地产、钢铁等权重股没有上涨，但是这些行业增速非常快，在这时候和其他股票比起来显然被低估，所以，金融、地产、钢铁之类的权重股并没有跟随市场下跌。

6月1日开盘后股市高开高走，在所有投资者都觉得市场已经重回上涨通道时，午后开盘不久股指随即一泻千里，一度跌破4 000点。当日沪指收盘4 000.74点，下跌108点，跌幅达2.65%，全天振幅则达到5.21%。深证成指当日报收于12 432.69点，下跌超过500点，跌幅高达3.95%。如果只从指数上看，感觉跌得并不多，不过108点，而且保住了4 000点大关，可个股的杀伤力完全可以与2007年5月30日那天相比，当天即使抛开ST股不算，沪深两市A股约600只个股跌停。大盘三天跌去8%，300点左右，但是很多个股已经连续三个跌停板了，很多在高位进场的投资者已经濒临崩溃了。

6月4日经过周末再次升盘，很多投资者都幻想股市能反弹，因为股市在上涨的过程中，很多投资者把全部的身家押在了股市，可是市场不会以人的意志来运行。三大证券报虽然齐发评论，认为牛市的基本面并不会随着阶段性市场调整而改变。但是，恐慌的情绪已经蔓延，投资者抛弃手中的筹码，上证指数的跌幅达到了8.26%，整个市场弥漫着下跌的氛围。收盘时，沪深两市有超过700只个股跌停。

6月5日开盘后，投资者蜂拥出逃，上证指数当天盘中最大跌幅超过了6%，午后买盘开始增多，很多权重股、绩优股开始大幅度反弹，带动大盘一路上涨，大盘最终上涨2.63%收盘。

虽然大幅下跌结束了，大盘也迎来了反弹，但是反弹到前期高点又来了一次下杀，对于很多垃圾股再次形成了暴跌。很多股票可能多年后才能回到当初的高点，有些股票即使现在的价格都比2007年时低，可见当时是多么疯狂，前期一直滞涨的金融、地产、钢铁等权重出现二八现象，大多数股票下跌，只有少数的股票上涨。

5浪是上涨过程中的最后一浪，4浪经过调整后，看空市场的投资者已经离开市场, 剩下的投资者把股价重新推高, 这时候市场非常热, 真正有价值的绩优股、蓝筹股已经涨到很高的位置涨不动了, 反而是市场之前没有重复炒作的二三线个股开始补涨, 整个市场也会在这最后阶段完成整个上涨5浪, 开始下跌3浪。投资者要注意的是, 5浪是最佳的卖出机会之一, 应尽快控制贪婪, 落袋为安, 因为5浪也有失败的可能, 并不一定会涨回原来的高点。

5浪在实战意义中就是经历过4浪的回调后, 趋势性已经被毁坏, 没有经验的投资者会借这次回调高位重仓接盘, 但是有经验的投资者会根据波浪理论等技术分析开始借助最后的上涨撤退, 因为投资者再不离场, 只能迎来下跌。

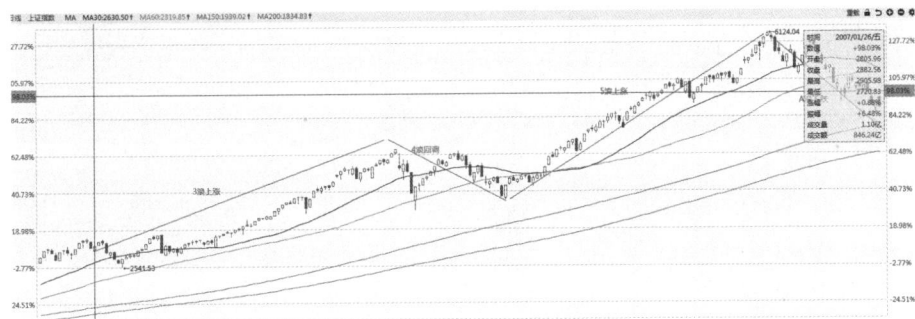

【实战案例分析】

上图A股经历了大幅下跌后, 很多个股已经无力回天, 市场出现二八现象, 以金融、地产、钢铁等为主导, 股市继续上涨到6 000点以上, 完成了最后的5浪上涨, 这个阶段也是投资者最后赚钱的阶段, 但要注意的是, 市场整体的机会已经没有了, 很多个股趋势已经破坏了, 最后对个股的选择非常重要, 绩优股涨得非常好, 价值投资者、成长投资者和趋势投资者在这个阶段获利颇丰, 随缘选股大概率没那么好的运气了。

A浪调整中大多数投资者还没有意识到趋势的逆转, 还沉浸在牛市疯狂的氛围中, 大多数人还会认为这只是暂时的回调, 大多数评论家还会保持一贯的作风, 建议大家珍惜手中的筹码, 高喊最后的买入机会, 但是有经验的投资者早已观察到成交量、价格和技术指标等出现了背离，顶部结构已经出现，都开始积极撤退，这也是形成A浪的主要力量。

A浪在实战中和4浪比较相似，人们很难分清这是子浪的波动还是回调浪，有经验的投资者会在开始调整时进行回避，但是大多数的投资者都躲不开，因为如果你总是见到波动就回避，早就被市场抛弃了，能坚持下来的大概率也回避不了，但是在A浪下跌结束后，有经验的投资可以看到趋势已经被破坏了，市场可能已经要转向了，开始考虑最后的撤退了。

【实战案例分析】

上图中A股从2016年开始长达两年左右的大涨，一直涨到6 000多点，大多数个股涨幅都达到10倍以上，很多优秀公司的涨幅都达到了20倍以上，像中国船舶这类市场的明星股复权涨幅高达50倍，中信证券涨幅也达到40倍左右，即使优秀的企业估值也都非常高了，以招商银行为例，在2007年高位时静态市盈率高达80倍左右，2007年动态市盈率也高达40倍，跟现在银行股的估值相比，可谓天上和地下，当然，当时的银行股增速一般是非常快的。很多投资者在当时的火爆气氛中已经迷失自我，面对A浪的下跌，更多的投资者是拿出更多资金去投入市场，借钱买股，辞职炒股，很多个人投资者都是在那个时代诞生的，但是市场就是市场，风向已经转变，上涨的趋势已经开始转变。

B浪反弹是多头最后的一次反击，但是先知先觉的资金撤退后，会有越来越多的资金看到了趋势的逆转，开始借这次反弹撤退，剩下那些判断错误的投资者接盘后把股价推到下一个高度发现没人接盘了，趋势开始彻底逆转。

B浪在实战中就是最后一次逃跑的机会，如果错误地判断成5浪的延伸，那么将会损失惨重，如果这次没有跑掉，C浪的下跌幅度往往会又快又狠，让你来不及狠下心来卖出。

【实战案例分析】

上图中股市跌穿5 000点后形成一个强有力的支撑，大多数投资者都认为新的上涨趋势将要开始，随后在股市的反弹中，市场热情一度非常高涨，几乎你走到哪里都有讨论股票的，很多后知后觉的投资者反而在这个时候进入股市，其实这是股市最后一次高位反弹，这次反弹的高度将是未来十几年都无法超越的高度，很多人可能一生都无法看到这个高度了，因为C浪的杀跌会击穿他的心理底线。

C浪杀跌，是杀伤力最强、跌幅最大、时间最久的一轮下跌，这时的下跌速度会越来越快，就像运动员跳水一样，由于前期多头获利颇丰，这时经常会出现多杀多的现象，最终爆仓的筹码也会被市场打出来，没有经验的投资者在这个阶段不但把利润全"还"回去，本金也会亏损不少。

实战中面对C浪杀跌就是观望，等待新的一次轮回，但是要注意，大级别的C浪杀跌也会延伸，有的投资者会判断错误，把C浪中的反弹当成1浪上涨，抄在半山腰，损失惨重。我们简单地算笔账：100跌到50，50你觉得处于低位去抄底，但是最后跌到了10，虽然100下来的损失90%，但是你50去抄底也会损失80%，所以抄底绝对不要因为股票下跌很多就去抄底，股票趋势向下，真跌起来，跌多少是很难预料的，很多股票都经历过跌去90%，这次C浪就有非常多的个股跌去了90%。

【实战案例分析】

从上图中可以看出，天下没有不散的筵席，牛市终于还是走到了尽头，开始了C浪的杀跌，大盘在跌到3 000点时迎来了短暂的反弹，很多投资者都觉得这是A浪的上涨，开始陆续补仓、加仓，摊平成本，觉得股市调整充分了，新的一轮上涨即将到了，现实是腰斩后再次腰斩。很多资本和个人投资者都在这轮下跌中彻底被击穿心理防线，无法面对现实，做出了最不应该的选择，如果我们有充足的经验去面对股市，也许十年、二十年后，再有类似的经历，我们就不会犯错了。面对下跌的趋势，任何时候抄底都是错误的，即使是大资金建仓也应该在市场趋势平缓时去开始建仓。什么时候是平缓，起码按照我的五阶段理论的第一阶段去建仓才最合适。个人投资者还是要在二阶段去寻找买点，寻找确定性更强的机会。

4.2.6　波浪理论的缺陷

波浪理论在实战中有很多指导性价值，比如2浪回调后双底买入法，4浪回调后5浪涨起来卖出法，但是它的缺点也非常明显，这让很多投资者对其无法完全信任，主要的缺陷总结如下：

（1）千人千浪，每个投资者面对走势图都会有不同的理解和画法，导致每个人画出的浪都不一样，浪形不一样，那么推演的结果就不一样，对后市的预期指导也完全不同。

（2）实战中难以准确判断浪。"不识庐山真面目，只缘身在此山中。"完全道出了波浪理论的缺点，投资者在市场进行中，很难分清是1浪的上涨后2浪回调，还是C浪的延伸浪，同理，在3浪上涨中，延伸浪也容易被判断成4浪回调，而且浪也有失败浪，可谓变幻莫测。因为股市是非常不确定的市场，股价的变动包含了太多的信息，有企业自身的价值，有政策的引导，有投资的预期，有资金量的大小，有投资者的情绪等，所以股价的波动永远是随机性的，只有相似的案例，不可能有完全相同的案例，这就导致在实战中只能凭每个人的主观性去画浪，但是在不确定性极强的市场中，很少有人能准确地把浪数出来，最终的结果就是很少有人在实战中完全按照波浪理论去操作。

（3）事后诸葛亮，因为市场的不确定性和投资者的主观性，在事前很难准确地把浪判断出来，但是事后可以很清晰地数完整，延伸浪、失败浪等都能数得很明白，虽然对于复盘也有很大的价值，但在下次实战使用，同样的错误往往是继续犯。

（4）有很多大牛股在没有完全走完之前，很难用波浪理论解释清楚，甚至波浪理论的铁律都经常被打破，这些缺陷都让波浪理论无法成为实战中主要操盘的准则或者模型。

（5）有些个股也会因为自身的情况，走出长时间的宽幅震荡行情，几年的行情走下来，用波浪理论根本无法在实战中给出建设性的指导。

4.2.7　五阶段理论相对于波浪理论的实用性

五阶段理论对于波浪理论和道氏理论都有了很好的补充，每个阶段都有明确的定义和标准, 即使新手也能很清晰地看懂股票目前处在哪个阶段, 需要操作的方向是什么, 如果基本面和五阶段理论能形成共振, 那就是最佳的操作时机。

4.3 五阶段理论——顺趋势者昌, 逆趋势者亡

道氏理论和波浪理论对市场的结构描述是非常清楚的, 但在实战中却很难应用, 尤其是道氏理论, 对整体市场的判断很有意义, 但是对个股实操应用就不太好用了。波浪理论的缺点也非常明显, 也有些市场环境中是无法清楚地数出浪的, 基于我对市场的研究和感悟, 推出了一套简单又实用的技术模式, 那就是五阶段理论, 五阶段理论主要也是围绕趋势来做判断的, 也就是主要为抓住波浪理论的第三浪主升浪。

4.3.1 何为势

基本面分析围绕"质"来进行, 技术面分析围绕"势"来进行, 何为势呢?

"势"是一个令人着迷的词, 从古到今, 人们一直都在使用它, 觉得它不可或缺、无可替代, 但又拿不准它的确切含义。一方面势指影响力, 如权势、山势。我们这里的势指事物的演变趋向, 可以直接地理解成一种方向、一种力量。

无论是道氏理论、波浪理论还是五阶段理论, 最根本的目的就是从股市的规律中把势抓出来。投资者一旦抓住势就能获得丰厚的回报。如果逆势投资, 那么必定亏损惨重, 所以, 不管你是基本面分析还是技术面分析, 研究的都是股价的方向和顺方向进行的速度, 谁能把这点研究明白了, 谁的收益就更大一些, 投资赚钱最核心的本质用一句话就说清了——顺趋势投资。

4.3.2　顺趋势投资

趋势是股票技术分析中绝对的核心内容,运用各种技术分析手段的目的就是帮助大家找到市场和个股的趋势,从而顺应趋势去交易。如何定义趋势,道氏理论认为的趋势就是从底部反弹后回落,然后在反弹突破之前的高点,波浪理论的趋势主要是讲第3浪,也就是主升浪,五阶段理论的趋势定义更加直接明确,就是150日均线大于200日均线,呈现多头向上排列态势,这就是方向趋势,简单明了。

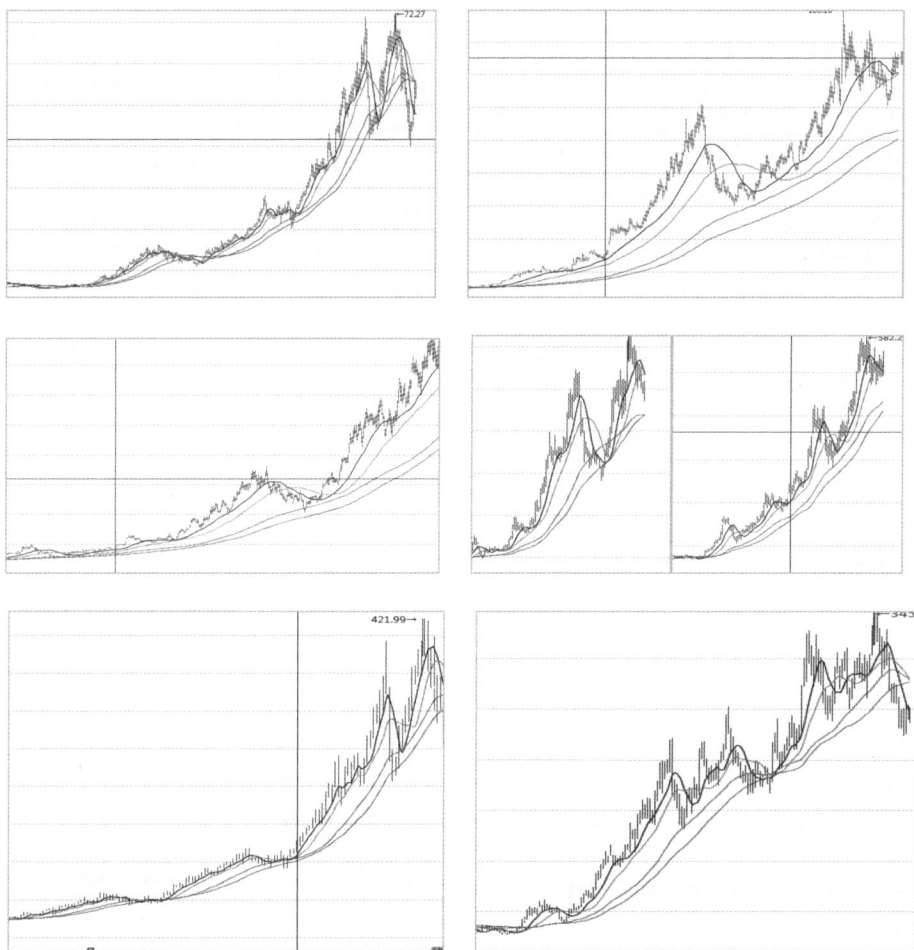

从上面这些图中可以看到,150日均线上穿200日均线形成多头排列后就形成了趋势,虽然不一样的个股、不一样的基本面、不一样的走势,但是不变的是趋

势,投资者只要把握住趋势就可以了,在趋势没有逆转时,就假设趋势会一直延续下去,坚持持有就可以了。顺趋势而为才有可能获取超额回报。按照五阶段理论的第二阶段择机买入,第三阶段持有就可以了。

同理,如果趋势向下时,也就是150日均线下穿200日均线,形成空头排列时,就是五阶段理论的第五阶段,那么就要快一点儿卖出以规避风险,否则可能亏损非常惨重。

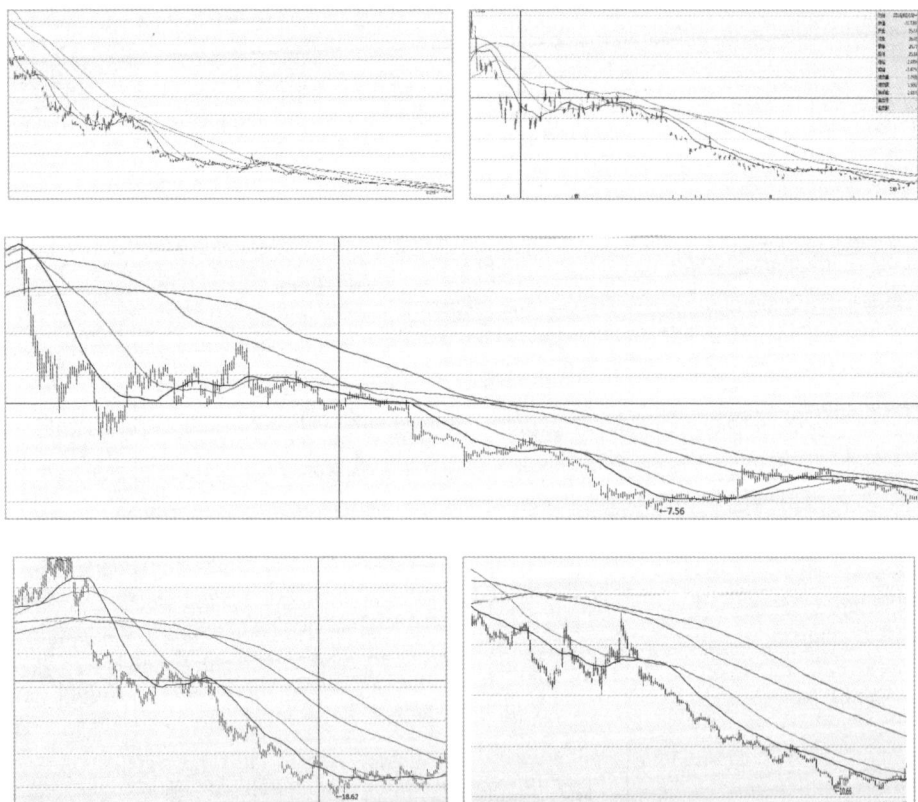

从上面几张图中可以看出,第五阶段如果不卖出,很多优质企业的股票下跌幅度就会很大,利润不但要吐光,本金可能都会受损失,而且经过第五阶段的下跌后,就犹如重症患者——病去如抽丝,很少有马上反转的,投资者会经历很长时间的底部煎熬也未必能重回上升通道,对投资的业绩回报是沉重打击。

4.4　技术指标该如何使用

4.4.1　技术指标有哪些

目前，证券市场上的各种技术指标数不胜数。例如MACD（平滑异同移动平均线）、DMI趋向指标（趋向指标）、DMA EXPMA（指数平均数）、TRIX（三重指数平滑移动平均）、BRARCR VR（成交量变异率）、OBV（能量潮）、ASI（振动升降指标）、EMV（简易波动指标）、WVAD（威廉变异离散量）、SAR（停损点）、CCI（顺势指标）、ROC（变动率指标）、BOLL（布林线）、WR（威廉指标）、KDJ（随机指标）、MIKE（麦克指标），它们是很多股市先行者依据一定的数理统计方法，运用一些复杂的计算公式，总结出来的股市规律，在投资者投资股票时起到辅助的作用。

因此，技术指标小资金者适用，大资金者不适用，所以巴菲特和传奇基金经理彼得·林奇都是非常厌恶技术分析的，而且技术指标和技术分析一样都有滞后性——这是无法逃避的缺点，所以很多投资者完全不使用技术指标。

那么技术指标是不是就没用呢？

4.4.2　技术指标有用吗

技术指标有用没用因人而异，如果你只是想通过简单套用指标就达到战胜市场的目的，那么技术指标对你大概率是没用的，如果你经常使用一种技术指标并研究得很深入，它就可以指导你更精准地把握买卖点，那么对你就是有用的。

如果你想让技术指标有用，那么就需要大量的练习和总结经验，和下棋一样，规则都一样，棋力的不同，技术水平肯定天差地别，我目前还没有见过或者听说过某个高人能把所有指标全部熟练使用，所以你觉得哪种指标比较适合你，就坚持使用下去，熟练和习惯了之后，你就懂得该如何配合你的指标使用，比如指标和个股的K线图、指标和基本面等，如何共振成功率才能更高。但是切记，技术指标是作为辅助工具，不是主要投资工具，是你通过基本面分析和其他技术分析得出结论后，依靠技术来指导短期操作。

4.4.3　MACD的一些使用经验

MACD是目前投资者使用比较普遍的技术指标之一，MACD为异同移动平均线，是从双指数移动平均线发展而来的，由快的指数移动平均线（EMA12）减去慢的指数移动平均线（EMA26）得到快线DIF，再用2×（快线DIF-DIF的9日加权移动均线DEA）得到MACD柱。MACD的意义和双移动平均线基本相同，虽由快、慢均线的离散、聚合表征当前的多空状态和股价可能的发展变化趋势，但阅读起来更方便。MACD的变化代表着市场趋势的变化，不同K线级别的MACD代表当前级别周期中的买卖趋势。

1. MACD基本用法

（1）MACD金叉：DIFF由下向上突破DEA，为买入信号。

（2）MACD死叉：DIFF由上向下突破DEA，为卖出信号。

（3）MACD绿转红：MACD值由负变正，市场由空头转为多头。

（4）MACD红转绿：MACD值由正变负，市场由多头转为空头。

（5）DIFF与DEA均为正值，即都在零轴线以上时，大势属于多头市场，DIFF向上突破DEA，可作为买入信号。

（6）DIFF与DEA均为负值，即都在零轴线以下时，大势属于空头市场，DIFF向下跌破DEA，可作为卖出信号。

（7）当DEA线与K线趋势发生背离时为反转信号。

（8）DEA在盘整局面时失误率较高，但如果配合RSI及KDJ指标可适当弥补缺点。

2. MACD的理解使用

MACD中间的零轴线本质就是我们跟踪的60日均线，基本面使用方法把零轴作为分水岭，判断为上方强、下方弱，默认是零轴下方，最好避免做多，这也是对趋势的一种理解，当股票在上升期间时，股价会在60日均线上方上涨，下跌时会在60日均线下方下跌，震荡时股价会围绕60日均线波动，60日均线就是轴心，股价过高于60日均线就会下跌回踩。同理，过低于60日均线就会上涨贴近，这对我们实操有很大的指导意义，如果公司基本面强劲或者突发利好，我们也完全可以在60日均线下方进行抄底。

下面是MACD顶底背离的实操案例分析——牧原股份和隆基股份。

上图为牧原股份进入主升浪之前的日K线图，从图中可以看到牧原股份股价在2018年7月5日创出了调整的新低，在随后的几个月中，股价出现了底部横盘震荡洗盘的走势，股价多次创出了新的低点，或者挑战新的低点，但是MACD的

指标却走出相反的走势，指标底部逐步抬高，红柱高度和宽度也都逐步大于绿柱，随着横盘的时间拉长，股价上涨超过60日均线，也表示MACD指标已经站在了零轴上方，表示股价有走强的可能性，整体走出了明显的底背离，通常这种多次底背离的走势出来，股价大概率都会有一波上涨，这就是典型的MACD顶背离。

我们从五阶段理论来分析，这也是非常经典的案例，股价之前已经上涨过一波，150日均线已经平行化，按照五阶段理论股价将要进入第五阶段，投资者都应以卖出为主，股价随后也经历了新的一轮下跌。

通常来讲，如果大涨过后的股票进入第五阶段形成趋势以后，往往股价会下跌一段时间，就像自由落体一样，但是牧原股份基本面表现非常强劲，2018年净利润虽然只有5亿元，但是聪明的投资者已经看到了牧原股份基本面的变化，股价在底部并没有出现更大幅度的调整，每次面临底部时就拒绝下跌，很快股价从第五阶段进入下一轮的第一阶段，这时候投资者就要注意了。2019年2月11日一根长阳拔起，从道氏理论来讲，这是突破前期高点，进入趋势了，从五阶段理论来讲，这也预示着150日均线上穿200日均线，新的上涨趋势要开始了，股价之后涨了四倍。

从这个案例我们可以看出，完全按照准则交易是没有任何问题的，但是为什么股价第一波上涨后进入第五阶段后很快能进入第一阶段呢？而且股价又涨了四倍，这完全是基本面强劲带来的。基本面分析能力强的投资者完全可以做得更好，无须等股价彻底突破后再进入，主要股价开始向上走强时就可以进入了，也就是股价在底部时，MACD零轴上方出现DIFF上穿DEA时，或者30日均线上穿60日均线时，都可以代表股价开始走强的迹象已经出现。牧原股份虽然2018年只有5亿元的利润，但是2019年就达到了60多亿元，2020年更是达到了275亿元左右的利润，聪明的投资者在2019年完全可以预测出来净利润会大幅度上涨，基本面和技术面共振后, 可以精准交易, 全面战胜市场。

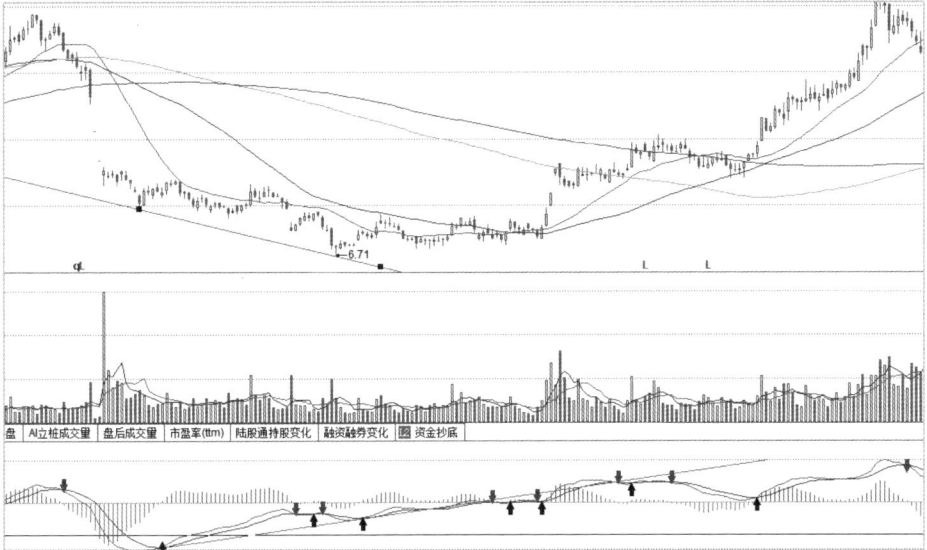

　　隆基股份2018年6月由于政策原因, 股价大幅度下跌, MACD在6月19日就到底了, 股价8月20日才跌到最底部, 虽然股价一直下跌, 但是MACD却走出了明显的底背离形态, 后市经过调整MACD指标也站在了零轴上方, 股价也顺势走出了一波强力的反弹。后期隆基股份作为光伏产业龙头, 业绩增长也非常快, 后市涨了十倍不止。

　　以上是两个典型的底部背离案例分析, 其中牧原股份调整时间长, MACD指标上升慢, 呈现多次底背离形态后股价才开始上涨, 说明底背离形态只能辅助底部确认, 投资者要注意分别对待, 大多数底部背离4次左右才可能有效到达真正的底部。

　　但是隆基股份这种大幅度跌下来的股票, 如果基本面属于错杀的品种, MACD指标也能很好地体现出来, 会早于股价停止下跌, 并且迅速反弹, 一般遇到指标迅速反弹的个股可以考虑基本面是否共振, 如果共振可以考虑提前择机布局, 不需要再等几次背离, 或者等五阶段理论进入第二阶段, 因为股价有可能会迅速反转。

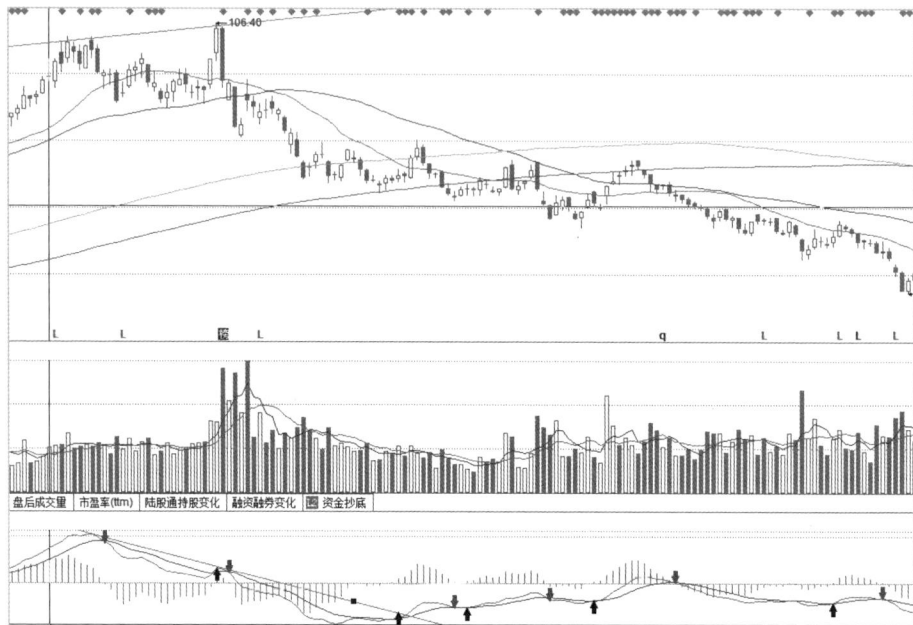

下面介绍美的集团非常典型的一个顶背离案例，上图是美的集团在2021年1月7日第一次到达高点后回调，一个月后股价连续大涨两天创出新高，如果没有经验的投资者一定会认为美的集团新的上涨之旅又要开始了，因为趋势还在上升，财报也非常强劲，虽然2020年上半年表现不好，但是三季度同比增长30%多，四季度更是同比大幅度增长80%，基于2020年一季度的利润不高，2021年一季度利润增速肯定不会太差，在股价创新高，业绩增速时，估值非常合理，市场叫好声不断，激进的投资者可能会在这两根大阳线中积极加仓。但是有经验的投资者马上就看出问题来了，因为股价虽然创出新高，但是MACD却没有创出新高，而是大幅下降，这就是标准的顶背离形态。而且顶部出现了更大量能的下跌，明显上涨缩量，高位下跌放量，这些都是股价反转的表现。有经验的投资者会在顶部规避风险，股价随后也如期出现了下跌。

上图是长春高新在2021年的股价表现，也是每一次冲击MACD的高点后下降一个台阶，最后创出新高时，MACD明显下降。150日均线也开始平行化，有经验的投资者会开始保护利润，虽然基本面表现仍然非常强劲，利润增速表现亮眼，但是市场总是有很多让人意想不到的事情发生，不过好在股价经过大幅度杀跌后，MACD先于股价见底，并且迅速反转，这是好的信号，期望股价能反弹上来让投资者迅速减少亏损。

4.5　关于技术图形的看法

技术图形最早期可追溯到1930年理查德·W·沙巴克出版的《技术分析与股市盈利预测》，书中写了很多技术形态，比如三角形、旗形，圆形等。目前比较有名的是约翰·迈吉和罗伯特·D·爱德华兹合著的《股市趋势技术分析》，书中对以前的技术图形和新研究的技术图形进行了整理，是目前技术图形最全的书籍，虽然这些技术图形随着时代的演化，大多数已经越来越失效，成功的概率并不高。但是我们不能否认技术图形的价值，股票价格一旦走出头肩底或者三重底的形态，确认底部的概率还是非常高的，但是确认底部和股票上涨是两个问题，底部形成之后可能会长时间在底部横盘整理，我们投资股票却是追求尽快上涨的股票。

威廉·欧奈尔出版的《笑傲股市》一书中提出了杯柄图形，他认为之前的技术图形是不够完美的，他的杯柄图形成功概率更高。杯柄图形简单描述就是股价冲高一个阶段，然后下跌形成圆弧底，上涨到前期高点形成一个杯状体，在高位横盘震荡时形成一个杯子的手柄，并在手柄处买入。这种形态确实在大牛股中屡屡可以看到，但遗憾的是，在实操中，如果简单看图操作，成功概率并不高，而且市场环境不好的情况下，容易失败，下跌后反而形成M头形态。

经过我大量的市场分析，任何一个走势完整的股票，都会有五个阶段，按照五阶段理论来读图简单易懂，再配合欧奈尔等人总结出来的图形，成功率会大幅度提高。

总体来讲，技术分析和基本面分析相辅相成后更容易成功，单一的投资模式往往会陷入主观陷阱中，尤其短期多次投资成功以后，更会对自己形成一种"洗脑"，认为自己的策略是完美的，以后失败时也会扭曲事实，给自己足够的理由来证明是市场错了，不是自己错了。所以多学习一些知识和技巧，形成多元化思维模式，构建足够丰富的知识架构，形成适合自己的成熟交易模型，才是获取稳定回报的关键。

第5章

风险意识是"常胜将军"的必修课

投资是认知提升的过程，这在传递一个信息，股票投资不是单纯地学会相关知识和技巧就可以成功了，在这些知识和技巧运用的背后，更多的是体现一个人的人生哲学，对世界乃至宇宙的态度，所以我们应该更多地去了解一些前辈们的思想，提高自己对这个世界的风险认知，对某些现象背后的思维要有一定的认知。

5.1 黑天鹅事件无处不在

5.1.1 何为黑天鹅事件

在发现澳大利亚的黑天鹅之前，17世纪之前的人们认为天鹅都是白色的，这是一个牢不可破的信念，因为它似乎在人们的经验中得到了完全的证实。黑天鹅的出现颠覆了上千年来对白天鹅数百万次确定性观察所得出的结论，它说明我们通过观察或经验获得的知识具有严重的局限性和脆弱性。

一般来说，"黑天鹅"事件是指满足这样两个特点的事件：意外性、重大影响。但人的本性促使我们在事后为它的发生编造理由，并且或多或少地认为它是可解释和可预测的。

"黑天鹅"概念是由风险管理理论学者纳西姆·尼古拉斯·塔勒布提出的。塔勒布在2007年美国次贷危机爆发后，被誉为全球唯一的，不但准确预测出金融危机而且还能预测到危机的严重性，甚至早已提前布局。他在危机爆发前出版的书中写道："全球化发生了，但并不是只带来了好处。它还导致全球在互相牵制状态下的脆弱性，同时降低了波动性并制造稳定的假象。换句话说，它创造了毁灭性的黑天鹅事件。我们以前从未面临过全球性金融崩塌的威胁。金融机构合并为更少的超大机构。几乎所有银行都联为一体。金融生态正膨胀为由近亲繁殖的巨型银行主导的生态（他们通常使用高斯分布进行风险管理）——一损俱损。银行业集中的加剧似乎有减少金融危机的作用，但会使金融危机更具有全球性，给我们带来非常严重的打击。我们从由小银行组成的、存在多种贷款条件的多样化生态转变为由互相类似的公司组成的同质环境。确实，我们的破产减少了，但一旦发生……这一想法让我发抖。我再次强调，我们将面临更少但更严重的危机。"第二年，次贷危机引发的全球金融危机就爆发了，几乎和他说的一模一样。

塔勒布的成功归功于他使用的杠铃策略。该策略就是在确定性与不确定性之间寻找平衡，他推崇的投资配比：80%～90%的零风险投资和10%～20%的高风险投资，放弃低效的中等收益投资。因为零风险投资让你保值，而高风险投资则能利用黑天鹅事件让你"暴富"。

我并不推荐他的策略，相反，还非常反对，因为普通投资者对整个宏观世界的研究和哲学思维的深度是远达不到塔勒布的程度，他用85%的资金去购买债券类的固收类产品收益非常低，剩下15%去赌黑天鹅事件，这需要对这个世界有很深地了解，而且大多数时间是没有危机的，看着自己本金一天天地亏损，而别人有稳定的收益，这种心性也不是常人能够做到的，即使塔勒布也经常无法忍受，需要弟子来鼓励和安慰，这种买彩票式的股票投资策略还是放弃得好。

我们了解黑天鹅事件，是为了更深地了解风险的本质，塔勒布利用风险去赚钱，我们利用风险知识去规避风险，这才是我想表达的一个观点。

黑天鹅事件对我最大的启发、最大的认知就是要认识到"自己认知不足"。黑天鹅事件的哲学观点不光对投资的风险控制有很大的启示作用，对生活也有很大的影响（后面我会为大家聊聊黑天鹅事件时间在生活和投资中对我们带来的危害），只有敬畏风险，才能尽量做到没有风险，或者出现风险时有充足的思想准备去面对，就像塔勒布面对2007年次贷危机时自豪地说："所有人都觉得是黑天鹅事件，但对于我，它丝毫算不上。"

5.1.2 《黑天鹅》一书对人生和投资的启迪

看待历史的三重迷雾：

（1）假象的理解，也就是在一个超出人们想象之外的复杂世界，人们都以为知道其中发生着什么。

（2）反省的偏差，也就是我们只能在事后评价事物，历史在历史书中比在现实中显得更加清晰和有条理。

（3）对事实性价值的高估以及权威和饱学之士的缺陷，尤其在它们分门别类时。

第一重迷雾，我们以为生活的这个世界比它实际上更加可理解、可解释、可预测。我们总是喜欢盲目地去预测一些事件，比如恒大事件，很多人都觉得看得非常清楚，纷纷做出自己的预测，有的人认为不会有事，有的人则认为恒大坚持不下去了，还有人觉得恒大事件导致没人拿地，房子量少后会引发房价大涨等。每个人都以他的主观性去判断和预测，其实都是以自己最希望发生的情况去设想，但是现实肯定不会和他们想象的一样，恒大的未来我们拭目以待就好了。

第二重迷雾，我们总是在事后可以把发生的事情用完美的逻辑表达出来，就好比股市只是正常地波动下跌两天，总会有人把这种波动和某些数据、某些事件关联起来，给人一个特别完美地解释，让投资者有种恍然大悟的感觉，这些解释比股市下跌的真相更像真相。

第三重迷雾，有时候专家和权威人士的指导意见，真不如你身边有经验的朋友讲得有道理。

【建议】

真正的经验要尽可能反映现实，诚实意味着不惧怕特立独行，也不惧怕其结果。我们看过很多成功学的书籍，或者你身边的朋友、长辈也会这样教导你的择业问题，他们会说如果你是一个厨师，你需要为每一个顾客做出他们想要的饭菜，但是如果你是一个作家，不需要为每一个读者写本书，你应当选择一些具有突破性的职业，这听上去确实是最好的建议。

但是收入突破性的职业只有你成功时对你有利，这样的职业竞争激烈，导致更大的不平均性和不确定性，在努力和回报之间存在巨大差异，少数人能得到，大多数人什么也得不到。

很多人都非常羡慕球星、企业家，但是我们要清楚，这种选择绝大多数人努力都是失败的，这些天之骄子毕竟是极少数的人，甚至不是你努力付出就可以得到的，但是医生和老师这类职业，收入是不具备突破性的，大多数人经过努力都可以实现，这才是适合大众的选择，稳定地回报会让每个人生活都充满安定和幸福。

5.1.3　了解黑天鹅的意义

巴菲特的成功秘诀在于一是成大功，二是避大险。最大的风险，不是你想到的风险，而是你做梦都想不到的风险。

通过黑天鹅的案例让我们对黑天鹅这个概念有了最基础的了解，因为黑天鹅的底层逻辑思想我觉得非常适合作为风险管理的奠基理论，我们在生活中要经常意识到危险无处不在。注意，我不是要营造一种令人恐慌的情绪，而是让人对黑天鹅事件有清楚的认知和应对思想，比如我们养老、医保和车险是一定要买的，有危险的地方尽量不要去。对于你的生活、工作和投资，如果出现黑天鹅事件，心理层面一定要早做准备，合理去面对，不要心态崩塌做出错误的判断。

5.2 灰犀牛虎视眈眈

5.2.1 灰犀牛的理论是什么

黑天鹅存在于各个领域，无论是金融市场、商业、经济还是个人生活，都逃不过它的控制。"灰犀牛"是与"黑天鹅"互补的概念，"灰犀牛事件"是指概率极大、冲击力极强的风险，"黑天鹅事件"则是极其罕见的、出乎人们意料的风险。

你可以设想一下，你来到了非洲游玩。当你看到犀牛时，非常兴奋，跑过去拍照，你忘记了导游曾经告诉你犀牛对你的恐惧远大于你对它的恐惧。它垂下腰，弓起背，左侧前蹄一下一下地刨着地上的土，做好了冲锋的准备。一旦它开始进攻，阻止它攻击的概率几乎接近于零了。导游曾经说过，犀牛攻击你，一定要牢记：不能一动不动地站在那里。但是你往往会如石化一般了，你的选择就是不做任何选择。

塔勒布猜测有人会写一本《白天鹅》来攻击他的思想，但是《灰犀牛》不是为了反驳塔勒布的理论，而是为了补充其理论。从上面假想的小故事可以感受到，很多风险都是我们已知的，但是我们并没有去防范，而是选择了"石化"，一动不动地去面对。

错误的思想动机和对个人利益的误判会极大地助长我们抗拒行动的自然天性。比如2007年美国次贷危机，银行家很了解其中的风险，但是他们不肯收手。明知道广告牌年久失修，但直到掉落下来也没人修理。明知道抽烟有害健康，但就是戒不掉。明知道手里的股票业绩低于预期,走势进入第四阶段,但就是不卖。

我们有太多的灰犀牛危机了,人们讨厌预测股市下跌的人,所以最后人们宁愿和大家一起犯错,也不愿意成为正确的那个人。即使我们冲破集体思维去发出警告,也很难改变其他人。对于灰犀牛性质的潜在危险,人们第一阶段就是"否认",第二阶段就是拒绝行动,得过且过。第三阶段怕受牵连,犹豫不决。第四阶段就是惊恐。第五阶段就是崩溃。

灰犀牛危机是高概率事件,而且影响力巨大,我们应该及时地去应对处理,而不幸的是很多人都觉得很遥远,当危险真正靠近时,能做的就非常有限了,灰犀牛概念的最大价值就是帮助人们转变思想,早早发现灰犀牛事件,早做准备和预防。灰犀牛比黑天鹅更值得去思考,因为你在面对灰犀牛时没必要去考虑天上会不会掉下刀子来。

5.2.2　如何面对灰犀牛危机

股市最大的灰犀牛我认为就是上涨过快,整体上涨幅度过高,因此大家认同风险是涨出来的、机会是跌出来的道理。

当股市上涨过快、过高时,很多投资者面对"灰犀牛"的危机是有否认心理的即第一阶段。他们认为会一直涨下去,我们前面已经聊过这个阶段的问题,很多股票在这个阶段都是市场的明星行业和明星股票,业绩增长速度快、预期好,机构看高一线。我看到很多投资者在网上发表自己的观点,当别人提出不一样的观点时,就急于否定对方,辩论不过就把对方拉黑,以展示自己的权威。我建议在学习过灰犀牛的思想以后,当看到或者听到不同的声音时,应该感谢对方,自己冷静下来想一想,重新审视股价的上涨幅度,我并不是鼓励你听见不同的声音马上就规避风险,但是我鼓励你听见不同的声音要仔细思考一下。

第二阶段就是得过且过的日子,这个阶段就要观察风险什么时候要到来了,如果股价进入五阶段理论的第四阶段,就要坚决止损或者获利了结。如果你无视"灰犀牛",很有可能股价开始下跌你也没有感觉,等股价加速下跌时再回头讨论风险就没有意义了。

第三阶段就是犹豫不决,如果"灰犀牛"已经确定来了,就是股价已经开始下跌,按五阶段理论来讲,从第四阶段进入第五阶段,无论你成本投入多少和盈利多少,我都建议离场观望,我不否认很多股票第五阶段非常快地就进入下一轮的第一阶段了,但是如果你的股票涨幅已经过大,基本面已经严重透支,不管未来公司的发展有多大前景,我都建议先出来,哪怕未来稳定了,进入第二阶段再追进去也是非常好的交易。风控才是稳定盈利的关键,很多人都是赚钱时非常厉害,赔钱时也不甘人后,十年下来一事无成,只有让人感慨的故事。

第四阶段就是惊恐阶段,"灰犀牛"已经向你冲过来了,这个时候说什么也没有意义了,如果可能就动一动,尽量减少损失,"生存"下来才有希望。不过大多数人在这个阶段已经石化了,只能听天由命了。

第五阶段就是彻底崩溃了。其实崩溃了说明股价已经见底,这个时候股价很快就进入下一轮的第一阶段,投资者在这个时候首先应该考虑机会,从市场中寻找机会,把恐惧变成贪婪,让他们恐惧去。

灰犀牛危机和黑天鹅危机最大的不同就在于概率性,"黑天鹅"其实不常见,我们只要任何有风险的事情都提前想好对策就问题不大,比如保险。但是"灰犀牛"一直伴随着我们的生活,风险人人皆知,但很多人选择了否认和混日子,直到最后让灰犀牛彻底把你的人生毁掉,这种人在现实中非常多,你身边就有很多这样的人。比如中年危机,我相信谁都懂,但是30岁时人们总是会否认危机降临在自己身上，不做打算，没有任何投资和积蓄，也不坚持学习新的知识和技能，最终危机降临时生活非常不尽如人意。还有些人明明知道抽烟、喝酒、熬夜对身体的损害非常大，但就是不去克制自己，当年轻的身体被掏空以后，整个后半段人生都要面对各种痛苦和折磨，现在身边不到40岁脑梗、脑中风的人非常多，甚至新闻里都有很多20多岁就中风的病例。

当今社会，"黑天鹅"背后必定蹲着一只"灰犀牛"，有时候已经很难分清了，我们普通投资者确实面对人类的危机无可奈何，但是我们完全可以把控自己的危机，投资者在投资过程中一定要时刻提醒自己。

5.3　随机性的危害

前文分别讲述了"黑天鹅""灰犀牛"。

这些风险思想应该牢记在心中，很多投资者都是没有学过风险方面的哲学思想，对风险的意识缺失，在投资或者生活中经常孤注一掷，导致失控后造成无法弥补的损失。

"不确定性"简单讲就是运气，随机性的风险如果没有正确的态度去面对，危害也一样大。因为从人性角度出发，没有人会承认自己赚钱是靠运气的，都觉得自己靠的是实力。我们必须悟透这点，这个世界都是随机性的，我们赚钱就算是运气好又有什么丢脸的呢？如何让你的运气一直好下去呢？投资的逻辑越正确，你的运气往往也会越好。而且我们投资也完全可以利用随机性来赚钱。

有两个投资者，一个小王，一个小李，两个人年底获得一笔奖金，当时正好赶上2006年的牛市，两人在2007年就买入市场普遍比较认可的房地产股万科A。后来赶上金融危机利润大幅度缩水，两人就都没有在看账户，2020年听说牛市又来了，两人都想起来了自己的账号，资金翻了十多倍。小王觉得这笔钱就和中彩票一样，完全来自随机性和运气，他很感谢当年推荐他买万科股票的老师，他也深信自己的运气不可能总是这么好。于是他做出一个决定，把资金连本带利收回一半，买入固收类产品，剩下的一半继续留在股市，让利润翻滚。他也明白了股市是可以创造财富的，但他做了理性的选择，好好学习股市投资的相关知识，争取未来可以在股市获得能力以内的回报。

但是小李就无视了幸运的力量，他觉得自己已经找到了投资的最佳方法，他选择相信买入市场上公认最好的股票长期持有就可以了，"价值投资"就是这么简单，他把全部资金加上近十年积攒的财富全部投入股市，买入了某著名公司的股票，股票的上涨和自媒体、股评人的吹捧让他更觉得自己的选择是对的，贪婪最终战胜了理性，他融资买入还不够，还借钱买入。最终的结局大家都应该猜到了，2021年很多之前大涨的牛股都被腰斩，爆仓的投资者比比皆是，小李也是其中的一员，不但损失了之前幸运得来的财富，还失去十几年的积蓄，还背负了一身的债务。

这个世界幸存者偏差非常多，甚至在这个充满随机性的世界里，我们也许赚到的每一分钱都是随机的，只是你自己误以为是确定性的而已。有时候一个人的职位和财富并不一定能证明他是对的。大公司的收入通常比小公司要高，但是大公司的员工能力未必比小公司的更突出。投资的世界更是如此，往往你心目中的高手，他的投资回报率并没有那么高。

所以，你所迷信的是你自己主观的想法，现在你要做的事只有一件：跳出主观的想法，回到客观的世界来，正确地面对生活和投资，不要觉得名人都是异类，都不是常人，也不要觉得自己没有希望。我并不想过度解释随机性，因为随机性也是有范围的,你在1到10之间只能在其中随机,你不可能随机出15。同样,历史的进程、你的人生都在随机性跳跃前进,不断地改变着。就好比你初中决定你高中的随机性,你高中决定你大学的随机性,你大学就决定你进入社会起步的高度。这是一步一步来的,投资也一样,随机也是在一个框架以内。了解随机,利用随机的概率学,选择正确的方式做正确的事情,利用随机性获取合理的回报。

5.4　非对称风险

如果有朋友问我是否有一只市场上非常热门的股票,它涨幅十分惊人,基本面也非常强势,财报利润释放充足,技术走势也处在上涨的趋势中? 那么我会回答:"我觉得这只股票大概率还会上涨,但是我会考虑卖出一半甚至直接清仓。"

在2013年,我记得有个投资者和我交流华谊兄弟的股票,当时大盘表现并不好,但是华谊兄弟表现非常好,他也及时发现了这只牛股,在涨到最顶峰时,他非常兴奋,觉得自己是高手,他觉得华谊兄弟未来空间无限,问我什么看法。我的看法是:"虽然股票仍在上涨趋势中,但是逆市的大涨,短期已经严重透支未来的可能,虽然现在我觉得在趋势中股票还会涨下去,但我的建议是卖出,因为后面的空间和未来潜在的下跌不成正比,也就是性价比不足。"可惜这个投资者并没有听取我的建议,他选择的是继续加仓,后来又不断调整仓位。这名投资者到最后利润几乎全部回吐,等了一年半股票才重新回到高位,但是当这名投资者继续希望扩大回报时,整个市场迎来了熊市。猛烈下跌不但把所有利润全部吐出,本金也亏损惨重。

　　这个案例绝非个案，类似的案例层出不穷，我相信每个投资者都可以列举出很多类似的案例。他们错误的评估风险，因为在漫长的股票投资中一次就被击垮。有时候我们虽然有了很好的操盘准则，但是由于时间、精力等原因付出不够，无法第一时间发现这些牛股，但是宁愿错过，也不能做错，面对已经短期上涨5～10倍的股票，它的回报率已经越来越低，在性价比缺失的情况下，这种风险比显得非常不划算。就像华谊兄弟，他短期已经暴涨5倍了，还能涨多少？它涨到10倍也无非再赚1倍，但是它下跌的话，你可能亏损的就是50%，甚至90%。

　　实盘操作中，如果个股已经上涨好多倍，甚至10倍左右，而且在第三阶段出现明显地加速上涨，远远脱离150日均线，那么我的建议就是："我非常看好这只股票，我觉得它上涨的概率非常大，但是我建议你卖出，因为风险不对称。"这个准则几乎对所有股票都适用，你可以回测所有股票在股价上涨几倍后突然加速，你卖出肯定是非常划算的。也许半年内就见效，也许一年，但是绝对实用，当然，我不排除可能有我没注意观察到的个别超级大牛股，10倍以后再涨10倍，就是不回调。

　　我经常听到有投资者说，资金量大和量小都应该按照一个标准来执行，不能因为资金过大或者过小而改变自己的标准。这是典型的不懂非对称的思想，非常危险。

　　有人说他全部资金外加借了很多钱全部投入一只股票，你在了解了风险意识后肯定会觉得这种操作非常危险，其实未必，为什么呢？

　　有的年轻人刚进入社会，没有过多的存款，他们所谓的全部资金也无非就是年底发的奖金而已。就算投资失败了，只要肯努力，钱还能赚回来。我们总是谈风险，谈随机性，反而在资金量小时我建议敢打敢拼，因为那个时候输得起。

　　如果你进入中年，中年危机这只"灰犀牛"早就对你虎视眈眈，那么我当然建议要慎重对待你自己半辈子的积蓄, 之前讲的风险意识会让你走得更远, 只有走得更远, 才能赢得更多。

5.5 股票风险的本质

5.5.1 远离杠杆

杠杆是指将借到的货币追加到用于投资的现有资金上, 在生活中很多人都在无意识中使用了, 比如贷款买车、买房。本书中指的杠杆是单纯的融资炒股的投资者, 很多自媒体都对杠杆的运用大肆宣扬, 杠杆好处非常多, 因为杠杆会让你的财富迅速增值, 像火箭一样快。合理的杠杆会让你在投资中获利颇丰, 但是我想说的是: 远离杠杆。

格雷厄姆曾在《聪明的投资者》一书中写道:"一切加杠杆行为都是投机"。巴菲特也多次表示不管什么时候都应该尽量避免杠杆, 保证本金的安全才是长期致富的根本。但是人性的缺点让人很难拒绝杠杆的诱惑, 人性中是有贪婪的一面的, 面对主观很确定的投资机会, 往往想扩大投资回报, 一夜暴富的心态逐步占据了理性。再就是过度自信, 没有人觉得自己是幸运的, 都觉得之前的成功来自实力, 之前有实力一直赢, 这次也一样。很多人使用杠杆后确实让利润大幅度增长。

说到这里, 大家心里应该有了答案, 你不加杠杆获得回报也一样可以刺激多巴胺分泌, 而且这种快乐和成就感可以通过我们系统性的知识长期稳定地来满足它。但是你加了杠杆会更大地刺激你分泌多巴胺, 在你成功时会比不加杠杆更加快乐, 更加有成就感, 它会促使你经常地使用杠杆来进行股票交易。随着你杠杆交易股票的年头越来越长，杠杆幅度也会加得越来越大。投资者会在不知不觉中迷恋上杠杆。但是投资者在一生的投资中，难免会赶上几次下跌行情，如果杠杆过大，一次就可能让你一生的成就毁于一旦。

这就好比评价一个老司机，只有当他老了彻底不开车了，才能评价他这一生是否是好司机，不少司机都在职业生涯的末期发生了意外。在股市历史中，有很多投资大师都是因为杠杆过大导致"晚节不保"，非常可惜他们传奇的一生最终没有落得一个好下场。讽刺的是，就算是巴菲特的老师格雷厄姆也因杠杆而破产过。

满仓满融的后果有多危险呢？我们来计算一下，按照百分之百的杠杆来计算，股票下跌25%进入150%的警告线。如果你不追加保证金的话，明天股票继续下跌10%，你的仓位会进入130%。130%就是券商的半仓线。券商可能会强制卖出你的股票来保证他的资金安全，这样的结果就是你的资金可能会一无所有，也就是人们常说的爆仓。可能有些投资者认为自己的股票投资经验非常丰富了，不可能买到下跌35%的股票，我对此是持完全反对观点的。首先我不否认，当我们有成熟的股票交易系统，理论来上讲不应该会有这么大的亏损，但是了解和学习了这么多风险意识的知识，就是让你明白，这个世界充满了太多的意外，完全有可能在市场环境非常好的情况下，你满怀信心地进行了杠杆交易，却迎来了"黑天鹅事件"。而且在真实的交易中，我们还应当计算高昂的利息成本，也许你持有N年后，下跌不到30%你就爆仓了。一旦爆仓，后面的行情即使再好，可能也与你无关了。

贵州茅台是A股市场价值投资的典范，深受投资者喜爱，但是复盘来看，年线显示2007年高位一直横盘震荡长达8年之久，如果你在2007年市场好时满仓满融投资进去，这8年的利息就会把你的本金腐蚀完。你未必有信心和耐心熬到下一次周期的顶点。

非常多的牛股在上涨期间都会有非常大的震动，幅度超过35%的比比皆是，满仓满融不仅要容忍长期不涨的利息压力，还要承受可能的下跌爆仓风险，这种心理压力下，投资成绩往往验证了"欲速则不达"。

我给大家分享一个真实案例，假设一个投资者在2019年3月开始建仓长春高新这只股票，当时价格是150元。这名投资者非常幸运，投入了100万元，3个月不到，赚了70%。我相信这种回报对于任何一个投资者都是非常兴奋的，这种投资回报，对于很多普通人而言也许20年都有可能遇不到，在当时看来，这是一件非常美好的事情。

从我们前面学过的知识可以对此事件有一个正确的认知和理解，这是一种随机性的幸运事件，我们应该理性看待，但是这名投资者明显没有这么想。贪婪战胜了理性，股票后面上涨他认为是自己持股不够坚定，对价值投资信仰不足造成的错误。于是在320元高位再次买入。随着股票的上涨也在给他进行着"洗脑"，价值投资理念，长期持有，医药龙头，和企业一起成长变得伟大，这些思想让他对自己的判断和行为越来越坚信一定会成功。

不久长春高新涨到了490元。这只股票在随后的反复震荡中不断地创出新高，给人一种调整过后就会无限冲高的假象和遐想，就在股票从522元跌到458元的时候，这名投资者按捺不住内心的贪婪加上杠杆将650万元全部投入进去。抛开企业的基本面不谈，单纯从五阶段理论出发判断，在这个阶段已经进入第四阶段，是考虑获利了结的阶段，而不是进攻的阶段。可惜这名投资者没有正确的投资理念，没有成熟的操盘交易系统，更没有学习过风险的意识。对危险一无所知的代价往往是巨大的，买入不到两个月的时间，长春高新一路暴跌，最终被强行平仓。长春高新之后的反弹也好，成长也好，已经和他再没有任何关系了。

这绝非偶然，就在不久后，格力电器等曾经的大白马股都出现了投资者爆仓的消息。即使没有爆仓的投资者，也有很多让杠杆压力严重透支了的心态，因为杠杆还有一个成本的问题。我们都知道，杠杆的成本普遍在8%左右，一般普通投资者可以降低到7%左右，如果股票持有一年就需要7%的利息。持有两年下来，很多股票也许连利息都跑不赢，这都会导致投资者的心态变差，无法理性判断，最终造成巨大的亏损。

我不否认适度的杠杆会加速你的财富增长，会让投资者快速致富，但同时这种致富也通常会让人上瘾，毕竟，财富多少能满足人性中的贪婪？这种大量的多巴胺被刺激以后，很有可能会让你上瘾，以后对杠杆的依赖会越来越强，最终走上了投资失败的道路。

5.5.2　对亏损的认知

无论你的投资理念和操盘交易模型是什么，唯一能保护你财富的方法就是在亏损像雪球一样滚大前卖出它。

如果你这次投资亏损，你后期需要更高的投资回报才能弥补这次亏损。如果一只股票跌去50%，那么它需要上涨100%才能盈亏平衡。但是如果你在10%的时候就止损了，那么只需要下一次投资上涨11%就可以弥补损失了。很多投资者对风险并没有正确的认识，总觉得跌下去的股票会以相同的速度再涨回来。其实不然，股票真跌下去50%，也许震荡后还会继续跌去下一个50%，如果投资者经历过这种亏损，很可能未来几年都会处在泥潭中。有的投资者认为我之前已经赚了两笔70%，我现在能扛住一切下跌了，不可能会亏损了，可惜事与愿违，如果你第三次投资亏损70%的话，你三次投资的总回报为亏损4.7%。现在很多投资者迷信长期持有，不做止损，对亏损的危害一无所知，这会导致投资时间越长，投资回报越差。

追回亏损对应的收益率	
亏　损	追回亏损需要的收益率
5%	5%
10%	11%
20%	25%
30%	43%
40%	67%
50%	100%
60%	150%
70%	233%
80%	400%
90%	900%

两涨一跌带来的年化回报率				
第一年	第二年	第三年	三年总回报	三年年化回报率
10%	10%	−10%	8.9%	2.9%
20%	20%	−20%	15.2%	4.9%
30%	30%	−30%	18.3%	5.8%
40%	40%	−40%	17.6%	5.6%
50%	50%	−50%	12.5%	4.0%
60%	60%	−60%	2.4%	0.8%
70%	70%	−70%	−13.3%	−4.7%
80%	80%	−80%	−35.2%	−13.5%
90%	90%	−90%	−63.9%	−28.8%

　　从上面两张表中我们可以看到，无论何时，我们都应该认真面对亏损，无论你以前多么成功，很多投资者都是曾经非常成功，对亏损的认知严重不足，导致一次错误就前功尽弃。如果再有杠杆，那么投资者可以看出，一旦出现判断错误或者黑天鹅事件，很容易把利润全部回吐，甚至爆仓终结。

5.5.3　过度自信，不甘于承认错误

有人做过一个实验，随机组织了一百名老司机，然后让他们进行自我评价，结果是大多数老司机都觉得自己的驾驶水平是超越其他人的，最少也是属于中上水平，问题是那些中下水平的是谁呢？

在股票交易中，过度自信更是"毁灭"的罪魁祸首，几乎任何一次爆仓的经历背后都一颗过度自信的心。在2015年，有个网上非常活跃的朋友，非常喜欢分享自己的投资经验，给别人的投资做出指导，对自己的投资能力非常有信心，觉得别人都不如他，别人给他的建议他也从来不听。我们管他叫老华，因为他深信华谊兄弟是中国未来的好莱坞，加了杠杆投资华谊兄弟，在华谊兄弟上涨的周期中，他赚得盆满钵满，可是好景不长，市场急转直下，股市迎来了新的一轮调整，大家纷纷离场回避熊市，但是老华却过度自信，他认为自己的选股逻辑完美，华谊兄弟最开始跌幅也可控，走势相对健康，老华坚信他才是对的，可以穿越牛熊，等下一轮牛市到来，他依然会是市场上最成功的。

可惜股票不会以个人的意志为转移，华谊兄弟在2016年开始暴跌，拦腰折断，老华坚信自己的选择没有错误，华谊兄弟的困难是暂时的，他必定会是未来中国的好莱坞。华谊兄弟在之后漫漫的熊途中跌去了90%左右的市值，老华也早已失去了音信，华谊兄弟没有一次很好的反弹行情，老华的亏损是无法避免的。老华的故事背后映射的是过度自信，谁也不例外，尤其在投资顺利时，都会觉得自己的策略可以战胜市场，往往会过度自信，但是每一次过度自信付出的代价都是账户上的亏损。

苏格拉底有句名言：我平生最大的智慧，就是知道自己一无所知。

我们在投资的路上也应该时刻警醒自己，不要过度自信，要时刻做好选股失败，勇于承认自己的错误，敬畏市场。

5.5.4　对贪婪和恐惧的错误理解

巴菲特有句名言:"别人贪婪时我恐惧,别人恐惧时我贪婪。"但是很多人对这句话的理解和认知是非常错误的,一只股票涨了约十倍,估值高企,开始大幅度回撤30%左右,这个时候,很多投资者都会被它的赚钱效应吸引过来,相信它还会重回上升趋势。这些投资者心里都有一个声音,那就是这只股票跌了这么久了,其他人一定很恐惧,在别人恐惧时我应该贪婪才对,这就是买入良机。其实这个时候才是恐惧的时候,因为股票经过长时间大幅度地上涨,早已严重透支了未来的成长,虽然跌幅高达30%,那也只是下跌的第一站而已。这个时候股票的赚钱效应还没有散去,贪婪的人们还聚在周围,这时别人贪婪,如果你也去贪婪地买入,那你也就变成了他人。真正的做法应该是别人贪婪时你恐惧,你要选择止盈或者止损,如果没有仓位更应该远离高估的股票去回避风险,而不是去贪婪地抄底。

同样,有些股票底部横盘很多年了,企业经过了长期的沉淀和发展,在某一时期政策正好符合它的发展,它的股价开始启动,从底部翻倍以后,短期来看确实有些高,但是对应未来的成长还是非常有吸引力的,这时投资者应该贪婪,而不是恐惧。但是很多投资者都有"恐高"的心理,认为这个位置别人都是贪婪的,我应该恐惧才对。其实恰恰相反,这个位置对于底部确实高,大多数投资者和你的想法一样,都有了恐惧之感,生怕买入股票跌回来。其实这个位置刚从底部出来,虽然股价翻倍,但正是入场的最佳参考时间。

山西汾酒在2018年见底以后,2019年用了一年时间从底部走了出来,股价翻了一倍多,开始在高位震荡横盘,很多投资者错误地评估这只股票经过上涨以后会吸引众多投资者介入,是别人贪婪时,我应该恐惧。其实这只是"恐高"而已,这时山西汾酒的趋势线和基本面开始慢慢好转,投资者的情绪也开始好转，正是投资的好时机，正是别人恐惧你该贪婪时。随后山西汾酒两年涨了五倍以上。

很多投资者对贪婪和恐惧的理解容易背道而驰，这也是合乎情理的，毕竟人性终究是人性，反人性并不是一件容易的事情。

5.5.5 惯性思维

任何物体沿着一个方向运动，在没有外力干涉的情况下，通常都会保持运动方向，这是惯性，也是物体的固有属性。人类的思维模式也有惯性思维，而且每个人都会被惯性思维所控制，惯性思维有时候对我们的帮助非常大，可以简化大脑的烦琐运行，比如你早上起来洗脸刷牙，下班回家，都可以不经过大脑去计算和思考就可以轻松完成，甚至在大脑想其他事情时不知不觉完成了。

很多专业的技术经过大量的练习都可以下意识的完成，有的电脑故障不需要检测工程师就能通过经验判断出故障的原因，然后进行定点检测，汽车维修师傅也一样，当汽车出现故障很容易通过经验来做出判断，这都是经验积累下惯性思维的作用。

惯性思维虽然有众多优点，但是惯性思维的危害性也非常大，它会让你显得非常固执，很多人都有过这样的经历，当你想去一个地方或者做一件事情时，总有好心的朋友来告诉你他的经验，并且信心十足地告诉你："没有问题，你就按照我说的去做就可以了。"结果你去了某地早就物是人非了，你的朋友才尴尬地和你说他有段时间没去了。这个世界最大的不变就是变化，对于一直变化的世界总是用惯性思维去思考，肯定是会犯错的，在股市中，因为惯性思维而导致亏损的案例更是数不胜数。

很多投资者都喜欢投资人尽皆知的优秀企业，并且长期持有，声称要和企业一起成长，分享企业成长的红利。这是经典的价值投资理念，通过这种操作成功的案例比比皆是，因为这个世界上总是会有一些企业每次都能在关键的时候有创新的产品引流时代，一次又一次地跨越生死，带领企业从优秀到卓越，最终伟大。

苹果公司在最困难的时期，乔布斯用iPod拯救了苹果，让数字音乐引领时代，几年后用iPhone重新定义的手机，让苹果公司走向了新的高点。库克接班，虽然库克没有乔布斯天马行空的想象力，但是他比乔布斯更懂赚钱之道，苹果的渠道不到两年就全部打开，从炙手可热的产品变成了街机，苹果的利润和股价都在不停地向上翻滚，投资者可谓获利颇丰。

5.5.6　迷信权威和主流观点

在股市中总会有一些成功人士崭露头角，媒体也乐于宣传这些名人，制造热点和流量，往往会把一些名人捧成"股神"，包括各种投资交流平台也一样，每隔一段时间都会出现一些所谓的专家，他们选择的行业或者股票表现出色，感觉能力非常出众，平台也乐于把流量集中于这些人身上。多种原因集中到一起就好像化学反应一样，产生剧烈"爆炸"，他们说的每一句都有人奉为至理名言，然后这些人也在"感染"着其他投资者。这些投资者集中起来互相安慰和鼓励，形成专家宣扬的一种投资理念，市场的任何表现都会用这种投资理念去理解。

股市中有句至理名言，人多的地方别去，往往这种"明星"代表的就是热度，他们借以出名的投资标的早已经逐渐进入周期尾声，跟随的投资者最终的结果都是亏损惨重，乐视网、网宿科技、全通教育、暴风集团都创造出了一批"股神"，这些"股神"的结果不言而喻。

我们应该如何看待这些权威专家呢？首先我们要肯定他们的能力，他们之所以能成为专家，必然有他们过人的能力，否则也不可能成为市场的明星，有众人的跟随，问题不是出在这些明星身上，而是出在跟随者身上，因为这些跟随者过度迷信，最终丧失了独立思考和成长的能力。每个明星身上都有他的智慧之处可以学习，但我们也要明白没有人的智慧是完美的、唯一的，没有人的投资策略能百分百持续性地战胜市场，他们实力表现的背后未尝不是有巨大的运气成分，到底是实力造就他们，还是运气造就他们，这不是我们需要关注的问题，我们应该做的是学习其成熟的投资理念和技巧，吸取他成功和失败的经验和教训，然后取其精华，去其糟粕。把他优秀的经验和知识转化为我们投资体系的一部分，提高我们的认知能力，拓展我们的知识架构，而不是无差别全部接受。

"股神"背后的投资之道才是我们追求的根本目标，"股神"并不是我们追求的目标，这点本质上一定要搞清楚，要从他的选股中学会他思考的方式和逻辑的推演过程，不是简单地抄作业，抄作业的结果大多数投资者都是怨天尤人，最后埋怨专家投资能力差，选股选得不对，从来没有想一想错的真的是那些专家吗？

5.5.7　认为好公司就一定等于好股票

有很多投资者错误地把好公司和好股票画等号了，这与上面讲的惯性思维比较类似，人们习惯于认为好的公司持续创造财富，只要坚定持有好的企业股票就一定会回报颇丰，认定好企业一定就是好股票，我也见过很多专家、自媒体都在鼓吹某一只人尽皆知的大白马股，鼓励粉丝坚定持有，结果一众粉丝迷信专家的理论，亏损惨淡但仍然无法自省，因为他们总是看到很多成功人士持有某某股票创造了财富神话，觉得自己也会是其中的一员，这类人非常多。

为什么好公司不等于好股票呢？巴菲特的智囊兼合伙人芒格曾经在自己的书

中表达过自己对股市本质的看法，芒格非常喜欢把股市比作马场，他认为一匹好马和劣马，谁都能明白选什么马？但是赔率如果劣马是一赔一百，好马是二赔三，那么利用费马和帕斯卡数学，很难清楚算出押哪匹马能赚钱。股票价格也以这种方式波动，所以人们很难打败股市。市场的有效性和赌马系统是类似的，热门马比潜力马更可以获胜，但是热门马未必有投资优势。比如股票市场上的铁路公司股价可能是账面价值的三分之一，IBM却是六倍。任何人都知道IBM比铁路公司有前景，但是投资哪只股票更有价值是很难说清楚的。

从芒格的智慧中把股市的本质描述得非常清楚，好公司如果股价非常高，那么它未必是只好股票，从5~10年的角度出发，它或许带给你的只有亏损，或者远低于平均回报率的水平，人的投资生涯一共有几个5~10年呢？传统的老明星企业中国石油、华谊兄弟股价表现非常不好，即使是市场公认的大白马股格力电器、恒瑞医药、中国平安、万科A等，拿近几年的平均收益率来计算，不是亏损就是获利微薄，反而很多平常不如它们的公司股票涨得非常惊人，比如中远海控、湖北宜化等都走出了一年十倍的行情。

好的公司需要有一个合理的价格，合理的时机才能创造出让人满意的回报。不考虑时机地买入，再好的公司可能带给你的都是亏损，很多人寄希望于十年、二十年后能带来超额的回报，我也希望如此，但是大多数股票带来的都不是惊喜，即便有惊喜，你也可能在这漫长的等待中早已因为各种原因放弃了最初的梦想。

当然差公司的股票通常表现也不会有稳定持续的上涨动力，我并不是鼓励投资者去买差公司的股票，但是股市的魅力就在于变化，很多差的公司随着股票价格的上涨，你会发现企业的盈利水平越来越好，公司的基本面也越来越优秀，成为某一行业的隐形冠军，所以我们应该客观地面对表现出色的 "差公司"，也许现在"差公司"正是下一个时期的好公司，"差公司"只要有足够的赔率，回报率远远高于好公司的股票，好的赔率就是低估值，低位置、高成长。

5.6　仓位管理的技术（集中或是分散）

仓位管理的理念一般有两种，一种是建议把鸡蛋都放到一个篮子里，把这个篮子看好；另一种就是不要把鸡蛋放到一个篮子里，把风险分开。

现在市场的主流思想是把鸡蛋放到一个篮子里，因为巴菲特多次公开表示这种观念。他认为一个人的能力圈是有限的，把资金集中到自己熟知的能力圈里是非常安全的。这种投资风格市场称为精准投资，也有很多书籍和"大V"都推崇这种方法。这种方法有很多优点，你就守住自己的能力圈就可以了，投资的过程相对轻松，因为当你对一个行业和公司长期的研究和跟进，总有一个瓶颈，到了瓶颈其实能做的事情就非常少了。其次你买入的股票如果开始上涨，你的资金增长速度也能同步上涨，不会因为分仓导致利润下降，这确实是个好方法。

但是当我后期慢慢了解到其他一些投资"大师"的看法时，出现了不一样的声音，引起了我的思考。沃尔特·施洛斯就喜欢分散投资，他投资差不多100家公司。他说："我喜欢拥有多只股票，巴菲特喜欢拥有几只股票，他是巴菲特，这么做没有错。但如果你不是，你必须选择适合自己的方式，就我而言，我喜欢晚上睡得安稳。分散是对不确定性的保护。"

之后我对巴菲特的股票配置重新进行了研究，巴菲特的投资其实也非常分散，并没有像他所说的那么集中持股。巴菲特在1961年致股东的信中写道："我的投资组合主要由三部分构成，每一部分的投资方式都各有不同。第一部分主要由价值被低估的证券组成。这是我投资组合中最大的一部分。通常我对于持有量较大的5～6只证券，会分别投入占总资产5%～10%的资金。而对于其他持有量较小的10～15只证券，则会投入占总资产更小比例的资金。第二部分是套利性投资，是那些涨跌结果取决于公司的特定行为而非市场对于该证券的供求关系的股票。这一部分的投资收益率（不包括因借贷而产生的杠杆作用）一般在10%～20%。第三部分是获得目标公司的控制权或者通过持有其较大比例的股权对该公司的政策产生影响。这种行为肯定需要一年以上或数年时间才会见到成效。"从这段话来分析，巴菲特是分散持股的，并不是集中到几只股票上。

2011年巴菲特给股东的信里也写道："随着时间的推移，我们目前拥有的企业应增加其总收入，我们还希望购买一些大的企业，这将使我们的业绩得到进一步增长。我们现在有8家子公司，每个公司都在财富500强企业中，除了这8家独立公司外，还有492家财富500强企业，而我的任务也是明确的，那就是在这其中搜寻潜伏着的'猎物'。"从中可以看出，巴菲特也在努力寻找更多的优秀公司股票，并不满足于现状，但是在分散时要注意质量，高质量的分散投资会带来业绩进一步地增长，而不是为了分散而分散。

巴菲特也曾多次推荐普通投资者购买指数型基金，指数型基金从本质上讲就是分散投资的一种简单方式，2020年巴菲特在股东大会上说："分散投资是比较好的，我也是这么做的，取得不错的结果"。

那么分散投资能不能有好的回报呢？我从彼得·林奇的书中又看到一段："我接管富达麦哲伦基金时资产规模为2 000万美元，但整个投资组合却只有40只股票，富达基金的总裁内德约翰逊先生建议我把股票数量减少到25只，我毕恭毕敬地听完他的建议，走出他的办公室后，我把持股总数增加到了60只，六个月后又增加到了100只，不久之后又增加到了150只。"书中后面又写到最终股票增加到

1 400只，这种策略取得了很好的投资业绩，不管怎么说，富达麦哲伦基金的规模已经增长到90亿美元。

那么，对于仓位管理我们是不是应该把股票买得越多越好呢? 我并不这样认为，因为巴菲特全世界只有一个，彼得·林奇全世界也只有一个，对于你来说，全世界也只有一个。经过我多年仓位管理的经验，我觉得仓位管理最终要适合你自己才好。比如刚进入股市，拿了一年的积蓄，我觉得资金量算是非常小的，就适合精准打击，全仓配置一只股票就可以了，因为分仓浪费你的时间精力和没必要的手续费。

当投入五年以上的积蓄时，我觉得就要考虑适度分仓了，我建议是3~5只，太多的话同样需要占用你大量的时间和精力去研究和跟踪，但是分仓也避免了单只个股的不确定性风险，如果单只个股出现问题，对你也不会有什么沉重的打击，工资仍然是你的主要资金来源。如果你投资十年以上，那么你的资金量相对于你的收入影响就非常大了，你如果继续保持三只股票的话，假如一只股票出现问题，你可能需要工作十年才能挽回，而且进入中年以后，很多人赚钱的稳定程度已经大大降低了，这时需要的不是激进地回报，而是以本金安全为首要，同时以稳定回报为主。

那么我建议仓位控制在十只股票左右，一是经过十年的投资生涯，对市场的熟悉度也非常高了，完全有能力从不同行业中选出十只优秀的公司股票，也能极大地提高不确定性风险带来的损失，时间和精力也能正常跟上节奏。如果是专职股票投资者，可以根据自己的能力适度把股票数量再增加一倍左右，但是我并不建议像彼得·林奇和施洛斯那样过度分散投资，彼得·林奇投资1 000多家公司的股票以我的能力完全是无法想象的，施洛斯投资百家公司我觉得也非常困难，毕竟找一家优秀的公司很轻松，找十家也不算太难，找五十家就不是一件轻松的事情了，一百家这需要对市场非常了解，只有20年投资经验确实很难做到。如果为了分散而分散，选择了大量次级的公司股票，我觉得对整个投资的回报也不算是正面的加分项。

针对集中还是分散，每个人的个体差异非常大，这也完全取决于你的预期和决心，比如你的资产已经不考虑生存问题了，想得到更亮眼的回报率，如果能力和经验足够，肯定是集中投资成绩会更好。

但是集中投资是慢慢集中的，有一个过程，随着股票的涨跌，你对股票越来越熟悉和了解，最后仓位越来越集中，不是为了集中而选择集中，这点投资者必须要清楚。千万不要为了追求高收益，牺牲了不确定性保护。

曾经有一个私募基金经理，最开始管理资金时仓位管理做得很好，波动相对较小，投资回报率也在稳定的增长中，持有30多只股票。但是稳定的回报率带来负面效应就是成绩不突出，市场风格总是轮动的，市场在任何时候都会有明星基金收益率表现得非常惊人，投资者并不都是理性的，都喜欢追逐高收益的产品，这就让这名私募经理非常困惑，他为了追求稳定，做好风控和仓位管理就必须牺牲掉成为市场明星经理的可能性，因为一个完整的组合布局总是分散的，总是有表现好的，也有表现不好的。

最终这名"久经沙场"的基金经理也无法忍受平庸和投资者的埋怨，开始仓位逐步集中化，向涨得好的优势公司股票集中，在短期业绩一度表现得比以往更加亮眼，但好景不长，市场过热以后往往迎来的是暴跌，他重仓集中的优质股票也无法幸免，在市场下行的趋势中，因为资金集中，接盘人少，出售也出现了流动性的危机，最终损失惨重，投资者纷纷要求退回资金。

回过头来看，如果他坚持自己的风格，做好仓位控制，当市场环境不好的情况下，可以迅速地降低头寸，而且底部的个股往往在风格转换中会成为新的领军股,整个基金的波动会相对平缓得多,投资者也不会损失惨重,在后面市场转暖后也能重新开始获利。

为了追逐高收益率,很多投资者都喜欢把资金集中投资在自己认为可以理解的好行业、好企业中,但是,当黑天鹅事件一旦发生,对投资者的伤害往往是毁灭性的。

每个投资者在某个时段的认知都是有偏差性的,就好比盲人摸象,如果你没有风险意识,没有仓位管理,一旦集中投资踩中黑天鹅事件,或者认知的逻辑发生转变,这种亏损很有可能会成为永久性亏损,保证资金账户的安全永远应该放在第一位,而不是收益率。

分散投资不仅具有对不确定性保护的作用,还有增加收益率的作用。这个观点我没有听见有人提过,我有时候分享出去也有不少人赞同,但是对于我的经验是确定的。因为我发现投资的过程中总是选那些不是市场上涨得最好的股票,你选热门股,就有黑马股杀出,你想捕获黑马股,大白马股就一骑绝尘。但我分散以后就有更大概率买到这种涨得最好的股票,然后慢慢卖掉其他不好的向它集中。

我个人持仓管理理念是相对比较分散的,因为我没有想过和谁比收益率,我的目标就是想稳定地获取能力内的超额回报就足够了。目前喜欢选择两三个行业,这两三个行业具备高景气度,属于利润释放期,股价在底部或者经过长时间的调整。通过ETF或者优选个股来配置这三个行业,并且密切跟踪行业之间的轮动机会。通常来说,高位置、高估值、低成长、低性价比的行业ETF切换到低位置、低估值、高成长、高性价比的行业ETF上,时间拉长来看大概率是正确的。

根据五阶段理论优选基本面和技术面共振的十只股票来进行个股投资。这种仓位控制的缺点非常明显，首先不可能有资金短期大幅度增值的可能，其次需要大量的时间和精力去跟踪和研究市场，业余投资者在时间和精力上的压力比较大。但是优点也非常明显，波动相对来说非常小，持股体验很好，可以像施洛斯一样安心睡觉，也可以像彼得·林奇一样稳定地获取市场的回报，最重要的是对于这个不确定性极强的市场完全可以理性去面对，当判断出错时，止损也不会有过大的心理压力。因为市场是不确定性的，你操作出错是完全正常的，可能一卖出就大涨，这样的事情会经常经历，但是你不卖出可能就会持续下跌，风险控制永远要放在首位。

很多人对于仓位管理喜欢分散，但是重押一头，我觉得这样配置是最不应该的，你要不就精准打击，要不就严格分散。你分散投资消耗大量的时间和精力，然后将大量资金集中起来，我们学过风险意识，一旦你的个股出现问题，你靠其他分散投资是无法挽回损失的。而且这个市场往往就是你权重最大的股票涨得却是最不好的，我不知道该用什么理论来描述，但是实际情况就是这样，人们越觉得安全，越觉得空间巨大的个股反而基本面都兑现了，剩下的空间是最小的，而且风险是最大的。所以我建议既然要分散投资，仓位就要均衡配置，不宜过度偏移。当然，随着时间的推进，你可以选择慢慢集中，其实谁的仓位也不可能是绝对平均的。

最后就是总仓位的问题，有的人喜欢拿出一半的资金进入股票，而且还经常使用半仓买卖，留下一半等待市场暴跌后补仓。对于大众化投资者，我觉得这也是非常好的一种风险控制方法。但是学过五阶段理论的人，有成熟的操盘模型，还有成熟的仓位管理方法，我的建议就是尽量保持时刻满仓。因为我们所有的经验和技巧都是以风控为前提，对这个随机的世界和不确定性极强的市场有了充足的方法和方式去应对，目的就是要建立一套安全稳定的操盘系统，让你能把全部的资金留在市场,只有留在市场才能享受市场长期上涨的红利和回报。

5.7　坚守自己的准则

5.7.1　建立自己的交易系统

股票投资是一个非常广泛的话题,每个人的投资理念不同,投资的时间不同,投入的资金量不同,各自的经历导致经验的不同,对这个世界乃至宇宙的认知程度不同,对人生哲学领悟的不同,都会形成完全不同的投资风格,可能相近,但我从来没见过完全一致的。可谓条条大路通罗马,你在一万个人中间也无法找到一个和你投资体系完全相同的投资者,投资者首先要构建属于自己的投资体系。

投资体系的构建,也是一个人知识的结合体,我们学到的每一个知识点、每一则理论和每一套思想都会影响到投资体系的构建。我建议每一位投资者的眼界都看宽点儿,格局都看大点儿,不要总是觉得自己现在了解的东西就是投资的真理。很多人都用不同的投资理念和方法取得了各自的成功,学习的知识越多,越能在不同的市场用不同的知识去应对。每个通过投资获得重大成功的大师们,都有着自己不同的投资之道,他们都有着各自不一样的传奇和故事。

虽然结果都非常成功,但是过程、方法和路径是完全不同的。每个人的经历不同,感悟不同,故事自然也不同,我们要学习成功者的成功之道,但是切勿简单模仿,因为你根本模仿不了,你没有他的经历和认知,你根本无法完全理解他的所作所为。

但是这并不需要担心,因为大师成功既然都不相同,那么我们的成功也必然有自己的一套理论，这本书所讲的知识最终的目的就是帮助你建立自己的投资体系。如果你没有形成投资体系，可以依靠这本书的知识简单构建框架，只要严格执行，我相信收益率也不会太差，如果你有自己成熟的投资体系，那么这本书的知识也可以帮助你起到补充的作用。有的知识讲述得也并不是很深，可以起到抛砖引玉的作用，引导你去深入学习可能和以前不一样的想法和知识。知识越多，技巧越多，才能在不同的市场中有不同的应对方法。

5.7.2　坚守自己的交易准则

这本书中讲述的知识可以帮助你快速地建立一套操作准则或者操盘模型，剩下就是多学习和补充知识来构建出最适合你自己的一套方式。很多投资者不愿意学习，他们总想找到一种简单的方式来战胜市场，这是非常危险的观点，一种方法看似简单，但是你只是看到了表面，背后蕴藏的真相和道理，你并不知道，但我知道的是，看似越简单的理论，背后越需要大量的知识来奠基。

我们需要用丰富的知识构建完善的体系来应对更多的市场环境，才能取得稳定的收益。就好比足球前锋，你总是练习内脚背打出弧线球得分，当机会出现用外脚背得分的机会，你却束手无策，错失良机，甚至丢掉比赛。一个优秀的前锋一定是有自己过人的标志性能力，而且其他技术也都十分娴熟。不要相信知识和技术会过时，学会了就是永久性的，因为人类的基因变化是可以忽略不计的，股票市场不管是背后公司，还是交易的博弈，都是人的综合行为，所以你的系统一旦成熟，将会终身受用。

在你形成自己成熟的系统之前，往往不会是一帆风顺的，没有人能够随随便便成功。巴菲特用技术分析多年始终无法成功，最后师从格雷厄姆后学会了价值投资，形成了自己的一套理论才开始走向成功。西蒙斯也经历了无数的挫折，最后才形成了一套完善的量化交易模型。几乎所有的投资大师和股票交易高手，都经历过失败，都是在失败中成长起来的。所以你最开始投资不顺利也是大概率的事情，可能根据市场情况会有几年的磨合期，需要大量的试错和完善。如果运气好，买中了市场的热门，一定要理性对待，不要做塔勒布口中"幸运的傻子"。如果不顺利，也没有关系，十年磨一剑，只要方向正确，成功只会迟到，必定不会缺席。

第6章

股票投资问答

很多书籍有华丽的用词、丰富的内容、详细的细节，而且还有很多人生经历和幽默桥段，这些都非常打动人心，但我认为问答是传递思想最直接有效的方式，所以下面以问答的方式来解决一些投资者的困惑，这些来自我以往最困惑的问题及投资者问得最多的问题，很多答案可能前文已经都描述过了，或者答案和前文传递的思想有所矛盾，这都是正常的，因为任何事物都是两面性的，好比好的公司未必是好的股票，可能这个问题我会说这家公司值得买，下个类似的问题我可能会说高位需要卖，这其实并不冲突。

1. 股票投资轻松、简单吗

在我投资的早期，经常会听到市场上有一种声音，在传递一种思想和理念，那就是股票投资非常简单，也非常轻松，只需要买入伟大的企业长期持有就可以了，这种观点目前也非常流行，影响非常大，但我想说这种观点是非常危险和无知的，任何赚钱的方式都不会简单轻松，股票投资也一样没有想象中的那么轻松简单，反而需要考虑的东西非常多，只有多元化思维模式最终才能提高战胜市场的概率，依靠单一投资策略和理论是很难在复杂的市场环境中长期稳定地战胜市场的。

长期持有伟大的企业看似没有任何问题，但其实背后蕴藏的风险非常大，首先伟大的企业之所以伟大，就是它已经处在时代的顶端，投资盲目追入很有可能在下个时代就被抛弃了，而且任何投资都是具备风险收益比的，就像芒格非常喜欢把股票投资市场比作马场，他说好的马任何人都知道赢的概率高，但是加上赔率，那么结果就不一定了。有时候追逐伟大的企业往往带来的投资回报非常低，风险还十分巨大，任何一个时间点，你都可以回看几年前人们口中伟大的企业今天是多么没落，但是其中深套多年的投资者仍然在期待着它重新伟大。

2. 有没有一种简单、直接并且有效的方法可保证我持续战胜市场，比如价值投资理念

这个问题和上个问题比较类似，很多人都在传递一种主流观点，那就是价值投资加长期持有，这种投资方法造就了很多"股神"，很多人从后视镜来观察，觉得他们一眼看穿未来，非常了不起，其实他们看不到的是更多的人没有成功，毕竟市场上真正长期能大幅度走牛的股票非常少。也许你觉得这些成功者比那些失败者更有眼光，更具备投资能力，其实不然，在某一个节点，这些股票也许具备的潜力是差不多的，只是每个人赌的方向不一样而已。伟大的公司加伟大的股票都是经历了多少次生与死和磨难才伟大起来的，这些都是投资者无法预料的，所以伟大的企业都是"赌"出来的，没有一眼看出来的，市场和牛股是走出来的，不是用嘴说出来的。

想持续稳定地战胜市场，只有多元化思维模式才有可能，你只有具备更多的股票思维模式才有更高的概率成功，越多的思维模型带来的力量越大，好的股票投资理论：一是要选对好的公司；二是要选对好的时机；三是要低位找好买点；四是持有的过程无惧人性；五是在最高位卖出。我可以大胆地说其中任何一种理念和思维模式都无法实现。

当你只有一种思维模式时，你对市场的看法就不会客观真实，你会把所有客观真实的现象都主观化理解，扭曲到符合你的思维模式为止，这就好比"你手里拿着铁锤，看世界就像是一颗钉子"。

3. 为什么有人能买入伟大的企业,而我不能

许多著名私募基金经理都说过贵州茅台和东阿阿胶都是时间的玫瑰,在某一阶段,我印象中东阿阿胶比贵州茅台更受市场期待,因为东阿阿胶代表的是健康,而且几乎垄断,贵州茅台作为高端白酒,利空的因素非常多,今天回过头来看,贵州茅台明显比东阿阿胶要好太多了,如果用结果来评定对错,买入贵州茅台的一定比买入东阿阿胶的投资者要强。

这是一个非常明显的悖论,投资最怕的就是以结果为导向,如果总是以结果为导向,那可能会坚持去做错误的事情。有这样一个故事和案例,假设小王、小赵和小李晚上一起去酒吧喝酒,畅饮过后,小李要开车送小王和小赵回家,理智的小王没有选择坐小李(因为小李喝酒了,酒驾犯法,举例而已)的车回家,而是打了一辆出租车回家。在这个时候,我相信每个人都觉得小王这种做法是最理智的,但结果却是小王坐的出租车发生意外,反而小李和小赵安全回家。当你听完这个故事,如果类似的事情发生在你身上,我相信每一个心智成熟的人都会选择小王的决定,因为这毕竟是意外,我们应该选择正确的事情,而不应该以偶尔的意外为决策。但是在投资的路上,很多人却失去了心智,没有去坚持正确的事情,而是坚持去做看似"结果"正确的事情。

贵州茅台作为白酒的高端品牌,成长不是一帆风顺的,一些事件、人口下降、年轻人不喜欢白酒都在影响着它的成长,回过头来看,白酒整体熬过了低谷并创造了辉煌,但是这并不表示这一路投资白酒是没有风险的。

所以,伟大的企业之所以伟大,就是因为稀有,能在低迷期"赌中"的概率是有限的,你买到是运气,买不到也是正常的,正确的投资心态不能总是期望自己买中伟大的企业,普通的企业在某些时段表现也不会很差,长期稳定的投资回报

并不需要一定买中伟大的企业才能实现，通过正确的策略组合，严格执行交易准则，最终一样可以实现。

4. 股票投资都是反人性的吗

股票投资从某种角度来讲确实是需要反人性的，"别人贪婪时你恐惧，别人恐惧时你贪婪"，这句名言任何人都应该熟记在心，逆向投资是获取超额收益和规避风险的必修课。

逆向投资听起来很简单，做起来却远没有那么简单，因为在实操中，没有经验的投资者很难分清楚何时该贪婪，何时该恐惧。比如一只股票从高位开始下跌30%，恐慌情绪肯定在蔓延，部分投资者心里会觉得到了他们恐惧时就是我贪婪时，其实在有经验的投资者眼里，他们会觉得当你贪婪时，他们该回避。所以股票应该是下跌30%算恐惧，还是下跌50%算恐惧，这没有一个严格的标准，因为有时候股票会下跌90%以上。

我认为逆向投资思维应该是投资者多元化思维模式中的一种，单纯依靠逆向投资是无法取得成功的，还需要根据市场情况进行综合判断，否则你就是那个"别人"。

股票投资反人性的方面非常多，远不止逆向投资这么简单，股票每天都在进行波动，在涨涨跌跌中对人性的考验也是十分巨大的，比如你预期一只股票有很大的上涨潜力，但是买入后股票跌去了8%，你止损后又有很大概率股价会继续上涨，会让你倍感后悔。但是你不止损的话，仓位又很重，任何人心里都会感到恐慌和焦虑，这是无法避免的，因为你知道无法了解所有信息，黑天鹅事件又无法避免，如果股价继续下跌，你会损失非常惨重，但是割肉离场又于心不忍。

反之，股票如预期股上涨，当股价上涨15%时，你会想起来之前几次交易都是上涨没有卖出，股价又跌回来了，盈利最终变成亏损。你卖出后股票经常会一飞冲天，让你错失大好机会，但你不卖出又经常会坐过山车。所以在股票投资的过程中，任何时间都是考验人性的，不管你是空仓还是满仓，不管你是买入还是卖出，哪怕你持有不动都是在进行人性对抗的，所以股票投资确实是反人性的，需要有反人性的思维模式来进行思考。

5. 我无法克制人性弱点就无法做好股票投资吗

其实人性弱点远远不止贪婪和恐惧，过度自信、追求完美、轻易相信等都一直在影响着投资者。逆向投资说起来简单，但大多数人不可能总是保持理性，因为只要你的真金白银投入股市，股市的波动就肯定会影响你的情绪，市场先生可不认识你，他不会在意你的感受、你的想法和你的偏好。当你在市场中投资股票经历多了以后，肯定会有股票买入后下跌亏损超过8%的情况，你内心肯定期望股价迅速反弹，如你预期继续上涨，但往往事与愿违，回过头来看止损才是你最应该做的事情，你会告诉自己，下一次你一定会止损，但偏偏下一次你止损以后，股票开始绝地反击，你又会觉得下次应该继续坚持才对，但是下次股票没有发生像样的反弹，让你陷入深深的迷茫中。

同样，在上涨过程中也会出现相反的情况，过早卖出锁定利润后股价一飞冲天，坚定持有股价来回过山车，这都在一次次考验投资者的人性，往往人性最终经受不住考验，最终该坚持时没有坚持，该交易时没有交易。

我们该如何克制人性的劣根呢？

首先，以史为鉴，可以知兴替。很多行业和领域的成功者都善于分析历史和过去，借鉴别人的案例和自己的经验来做决策，我们也完全可以这样做。通过市场的历史运行客观规律来确定交易准则，建立准则以后，就以准则为标准执行，不再为交易错误而懊悔，不再轻易听信所谓的专家意见和观点，不再随便追逐市场的热点和消息。因为据我所知，哪怕投资经验丰富、经历颇丰的投资者在面对市场的巨大波动中都会恐惧或贪婪，最终因为情绪影响做出了错误的决策。我们需要用一套成熟稳定的交易准则来约束自己，而不是靠理性去克制人性中的弱点和贪婪。

其次，你需要有风险的意识和仓位管理能力，这个世界是充满不确定性的，投资股票最确定的事情就是无法确定涨跌，当你单买一只股票时，即使胜率非常高，一旦出现低概率事件，股票的暴跌可能会彻底击垮你。仓位管理会让你的风险敞口缩小，假设你有十只股票，当一只股票出现连续下跌，即使跌幅高达50%，那么你整体的亏损只有5%，面对5%的亏损你没理由失去理智，任何人都可以理性地去做该做的事情。同样，单一个股涨幅过大以后也不会造成你肾上腺素飙升，很多股票涨幅会非常惊人，通过仓位管理控制波动也是回避人性劣根一个非常好的办法。

6. 你是如何看待基本面分析的

基本面分析是每一个投资者交易股票之前、之后必做的基本功课，因为基本面会决定股票内在的价值、上涨潜力和安全边际。

基本面分析我首先重视企业的商业模式和成长的逻辑，商业模式先进的企业往往代表效率,也就代表着成长性突出,营收和盈利能力突出。为什么要重视呢? 因为企业的盈利能力是影响股价表现的重要因素之一,我们买入利润持续提升和改善的企业,往往股价都会表现非常出色。成长的逻辑非常多,比如政策性引导、周期性反转、时代的造就、困境的反转等。股票投资的是未来和预期,有成长逻辑的企业一旦在市场形成预期往往就会提前反应,在企业的财报没有公布前就已经涨幅巨大了。但是未来和预期又非常不可靠,大多数人连自己五年后的情况都无法准确预期,更何况是一家企业。这就需要通过分析财报和历史来判断企业成功的概率。

净资产收益率简称ROE,是一个非常好的指标,重点关注历史ROE在15%以上的企业,历史ROE在10%以下的企业如果没有很好的成长逻辑,那么最好不要浪费时间去关注了。

除了用ROE筛查以外,还需要通过财报的重点指标来进行分析,利润增长是否真实有效,负债率和现金流是否正常,毛利率是否增长等综合来判断企业的价值潜力。

通过企业财报的历史分析、当年财报和未来财报的预期都符合我们投资的要求时,就可以根据市场情况去判断是否购买了。

7. 为什么我买的股票财务报表非常优秀, 股价却表现不好

投资股票,企业的过去和现在非常重要,但是投资的本质是投资未来,股票价格更是对未来的一种预期,这也是它的魅力所在,因为未来是多变的、不确定的,所以股票投资更像一门艺术,很难用一种技术来形容。

企业当期的财务报表优秀，只能说明过去和现在企业是优秀的，无法代表未来，未来的成长需要投资者去判断和预期，这就需要从企业的商业逻辑、行业景气度、政策支持度、经济活力和周期性等多个角度去判断，好的企业肯定比差的企业更容易继续优秀下去，但并不是绝对的，有的企业当期财务状况非常好，但是已经到达一个周期顶端，聪明的资金已经开始提前撤退，所以导致股价表现不强势，一两年后回过头来看，股价也跌下来了，企业的财务状况也不那么优秀了。

同理，很多涨势凶猛的股票并不是因为它当期的财务状况有多好，而是投资者预期它未来盈利能力会大幅度增长，资金开始抢筹造成暴涨，很多时候涨幅过度，严重透支企业的成长潜力。

读财报只是一种投资股票的分析技巧而已，读透财报可以让你对企业的过去和现在有一个准确的认知，通过历史来预期和判断未来，或者可以通过读财报来验证企业是否达到你之前的预期，根据是否符合预期来做下一步的预判。单纯依靠财报进行投资无异于刻舟求剑，如果读取财报可以做好投资，那么投资大师会有很多是注册会计师了，可事实上却是很少听说有注册会计师在投资上有大的成就，这也是我反复说的一个观点，要用哲学思维去读财报，而不是以会计的思维去读财报。

8. 买入有成长逻辑的股票就一定会涨吗

从某种角度来讨论，只要企业有成长的逻辑，未来也能兑现逻辑，那股价一定会有所表现，但是股价的表现如果能如此简单的判断，那么投资就是一件非常简单的事情了。股价的上涨大多数都伴随着盈利能力的提升或者是未来盈利能力的提升，但是这个世界经济总量是有限的，增长是可预见的，一家企业也不可能无限增长，一个行业是有天花板的，参天大树也无法长到天上去，你预期的增长，股价可能已经兑现，他们预期了你的预期，所以你在满怀期望地买入时，他们在选择卖出。

大多数的行业和企业都是有成长逻辑的，只要经济增长，企业就会呈现螺旋式的增长，即使进入行业天花板，企业也可以通过高分红来继续创造着它的价值，所以给投资一种假象，你眼里的企业一定会上涨，其实不然，别人眼里的企业和你持有的一样有成长逻辑，市场会选择哪个方向这是无法确定的，这就需要一些其他投资知识来弥补，否则就会形成认知偏差，造成你无法理解的亏损。

首先，有成长逻辑的企业，你要观察其股价的表现情况，是否已经透支未来，股价整体的运行结构在高位还是低位。其次，要看估值和成长是否匹配。对于股价的运行结构，可以通过五阶段理论来判断其位置，在第二阶段可以考虑大胆追入，但进入第四阶段就要放弃这次机会，回避可能的风险。估值和成长有一个非常简单好用的公式，即市盈率小于增长率就可以了，但是这个公式无法通用，比如周期性股票，困境反转型等企业是无法运用的。

9. 自上而下选股好还是自下而上选股好

我对大多数事情都是持正反两面态度的，无论哪种选股方式都会有它的优势和劣势，自上而下选股的方式就是从宏观经济、政策引导再到行业板块，最后到个股，这种选股方式可以让你的视野看得更宽广一些，格局更大一些，在做股票配置组合时会更加合理一些, 不会过于主观迷信自己手中的持股, 缺点也非常明显, 人的精力是有限的, 你把研究市场的时间稀释到宏观经济, 稀释到每一个板块, 稀释到更多的股票上, 就对个股的跟踪和研究不够了。

自下而上的选股方式更加聚焦于个股, 可以对个股的商业模式、安全边际、管理者的雄心、企业盈利的潜力等和企业有关的一切信息都深度跟踪, 相对了如指掌, 这对于个股的操作是非常有帮助的, 在长期持有大牛股中的信心更足, 但是缺点也非常明显, 这种选股方式会导致你的思想过于主观, 你对这个市场的了解过于狭隘, 就像盲人摸象一样, 只能看到自己眼前的景象, 经常会深深陷入自己的世界中。人的认知和信息的获取渠道都是有偏差性的, 即使你研究得特别明白, 也只是以为自己研究得更深入了, 总有了解不到的信息, 所以当股票下跌时, 往往无法醒悟, 人性的一大问题就是总觉得自己买的就是最好的, 这也会在整个过程中被无限放大, 这种案例无时无刻不在上演着, 投资者仿佛有时候赚钱并不重要, 更重要的是维护自己所买股票背后企业的声誉, 任何信息都能解读成有利于企业发展的信息。

如果非要选择一种方式, 我更倾向于自上而下的选股方式, 因为你在高景气度的行业里选股票, 也许选不到最好的, 但是只要配置行业或者选择优势行业中差不多的股票就可以取得相对确定和合理的回报, 但是自下而上选股往往会选错方向, 当你逆流而上时, 总是会事倍功半的。

当然, 我并不否认自下而上的选股方式, 这种方式也有很多成功的案例, 有些优秀的投资者深入研究伟大的企业, 长期持有, 获得了巨大的财富。这种能力每个投资者也应该具备和学习, 有些时代中的佼佼者也应该另眼相看, 我也经常会发现一些优秀的个股, 从而改变我对整个行业的看法。但我是坚决反对那些人云亦云, 听说哪家企业的股票好, 就盯住哪家不放, 美其名曰自下而上的选股, 张口闭口伟大的企业, 不考虑企业的估值和位置, 眼里只看到企业的成长而不去考虑背后的风险, 这种选股方式千万要不得。

10. 是该选择热门行业还是冷门行业

绝大多数投资者都是在股市有赚钱效应后跟风进来投机的, 进入市场后也往往会选择人气很高的行业和个股, 这是正常的心态, 因为资本都是逐利的, 每个人都希望自己的资金投入以后马上就可以获取回报, 谁都愿意买上涨的资产, 而不愿意买下跌的资产。但是任何过度投机之后都是一片惨状, 热门会变成冷门, 投资最终会损失惨重, 这也是股市一赚二平七亏的铁律本质。

所以, 很多有经验的投资者会选择去寻找冷门行业中的冷门股票, 针对这个理念很多投资大师也都给出了自己的观点, 逆向投资、反人性投资等理论也非常流行, 从长期角度来讲, 这种投资策略比追逐热门股成功的概率要更高, 因为市场永远是有周期性的, 没有一直热门下去的行业。2007年那轮大牛市金融、地产、有色金属等行业都表现得非常抢眼, 2015年TMT(科技、媒体和电信)相关个股也一样表现抢眼, 好像它们都代表了未来, 之后大白马股就开始了轮流的表演, 这些股票在上涨周期都给人一种符合时代的特征, 会一直火热下去的感觉, 结果无一例外, 从冷门变成热门, 然后又从热门变成冷门。所以, 回避高位热门股去低位寻找冷门股的策略显然更胜一筹。

但是这里有一个悖论, 何为高位热门股, 何为低位冷门股, 热门股虽然不会持续上涨很多年, 但是否有继续增长的可能性? 冷门股冷三年也看不到希望该怎么办呢? 所以, 最好的选股时机是冷门股正在转变为热门股时介入, 这就需要有策略和操盘交易系统来辅助, 本书的五阶段理论就可以很好地用作辅助判断, 进入第四阶段可能是高位热门股转冷的表现，同样，冷门股进入第二阶段也可能是冷门股转热的表现，在结合基本面分析来判断它的盈利能力，就可以更大限度地提高从冷门到热门的概率。

11. 需要关注机构动向及成交量吗

我在以前学习投资股票时，记得彼得·林奇讲过这样一个案例，他说他在实地调研企业时，特别希望企业说他是第一个调研基金的，这样他会特别欣喜，这样他就有先发优势了，可以在资金没有大幅度炒作时以现行低价买入布局。我也特别留意成交低迷，没有机构介入的企业股票，买入后等待机构发现这只股票，进场时就会拉升股票，我就能从中获利。但是大量的案例证明这种想法非常错误，过于自我和短视，为什么机构不买入，肯定有机构不买入的理由，可能有些案例是运气好，买入后很快吸引机构的资金介入，但是在大多数情况下，机构还是依然会选择无视。我们不讨论企业的价值和成长到底如何，股价的上涨必然是资金推动的，企业的价值和成长只是吸引资金介入的一个理由，如果资金不介入，所谓成长和价值都是空谈。

有人会拿出非常多的假设和案例来说服和证明企业一直成长下去，就算机构资金不介入，我们十年后靠分红回报率也非常高，但是这背后的风险却没人去谈，一是十年的时间太长了，很多优秀的企业都有可能消失。二是指望一家优秀的企业一直成长下去，这种预期本身就过于牵强，大多数企业都是有周期和时代性的，能穿越时间的企业并不多，就算是消费股和医药股也一样有政策性风险和弱周期时。

目前市场机构的规模已经越来越大，从某种角度来看，个股的涨跌对于机构资金的介入与否关系非常大，股票毕竟有商品属性，供需关系是直接决定价格的，价值在中短期并不是最重要的因素，比如早期的iPhone，刚上市第一批可能你需要三倍于它的价格去购买，现在的显卡，也许至少溢价50%才可以买到，这和它本身的价值已经没有太大关系了，只要市场供需关系无法扭转，溢价就会一直存在，虽然供应厂家想出了非常多的办法来解决价格过高的问题，但实际情况是根本无法解决。股票也一样，资金的介入会直接影响供需关系，股票价格的高低也直接受供需关系影响，和自身的价值关系并不大，这种供需关系的影响可能会持续一年，也可能会持续十年，这是无法确定的事情，但可以确定的是，股票价格无论任何时候都会受到供需关系的影响，只是正负情绪不同而已。

很多投资者认为企业披露时间滞后，发现机构的资金动向已经过去很久了，没有价值了，这是错误的想法，这就好比财务报表一样，都是滞后的消息，但是报表可以让你用来分析企业过去的价值，机构和资金的信息表也一样，对你参考也是有帮助的，机构由于资金量大，进出都不是非常便捷，企业在基本面向好的情况下，机构一般不会轻易让出筹码。有机构介入的企业股票锁仓预期相对较好，也更容易吸引其他机构资金介入，形成合力达成趋势性的上涨。

12. 好的股票需要择时购买吗

关于择时这个话题，我经常看到很多投资者在宣扬择时是个伪命题的概念，认为好的股票不应该择时，因为股票涨跌难以判断，只需要买入长期持有就可以了。我觉得这是一种非常不负责任的，而且是对投资的本质一无所知的表现，择时在投资中是非常重要的一个因素，它会直接决定你投资的成败。股票涨跌确实难以预计，不会以人的意志而运行，这不仅针对短期，长期也一样，而且越长期持有, 存在的不确定因素越多, 不择时进行投资完全是对自身资金不负责任的一种表现。所有的分析如果抛开择时想成功无异于天方夜谭, 这个世界越成功的投资大师越在择时这方面做得十分出色。

在别人贪婪时恐惧, 别人恐惧时贪婪, 这就是择时的一种哲学观, 巴菲特曾经在石油价格低迷时买入中国石油的股票, 在石油涨到140美元左右时卖出中国石油的股票, 这也体现出巴菲特择时的投资魅力。

很多周期股票更是对择时要求非常高, 如果你没有择时能力, 买入的时机错误, 那么造成的损失往往是非常严重的。即便很多人尽皆知的优秀企业, 如果买在阶段高点, 也会造成严重亏损, 至少会让你的投资回报率非常低。

每个人的资金都是有成本的, 即使自有资金也应该去计算通货膨胀和利息所产生的成本因素, 时间就是金钱, 不仅是在生活中, 在股市更为重要, 如果你只是单纯地依靠强劲的基本面去投资, 不考虑其他因素, 不考虑时机问题, 那么我认为这和蒙眼开车一样危险, 完全赌自己买在一个幸运的时间点, 或者在赌长期持有后, 企业会持续发展, 不会发生任何意外事件, 股价也会持续上涨, 但是事实证明, 一赚二平七亏的铁律永远不会变, 能赌中的投资者概率并不高。

13. 如何做到精准地买入

任何一个投资者都希望自己可以拥有十分精准的眼光, 可以买在股价爆发的前期, 这就需要投资者对股票价格运行规律有非常多的经验。很多前辈也分享出来很多的市场规律, 比如日线宝典、头肩底图形、三角图形、旗形等, 但是随着市场的演化, 很多当时可能行之有效的图形和技巧都逐步失效或者已经失效, 没有任何一种图形和技巧可以保证能精准地抓住买入时机, 甚至高概率都保证不了?

　　这里只能告诉你,要想提高精准买入的概率,必须有丰富的交易经历,只有大量的交易经验才能让你对市场的感觉更准确。我们要根据市场环境的不同来选择交易心态,通常来讲,牛市时,整体市场情绪高涨,股票一旦开始上涨突破,很难有回头的机会,那么就需要用类似欧奈尔杯柄图形做突破的经验来交易,更容易抓到起飞在即的股票。

　　这还要关注股票量能情况,通常来讲,底部启动的量能放大两倍以上,调整时的缩量明显,这都有利于突破。反之,市场环境不强时,市场会以箱体模型运行,突破的概率并不高,很多股票突破都会失败,总是去做突破就需要不停地止损或者被套死,投资者去选择低吸高抛的交易会更好,在箱体下方,技术指标底背离后买入,通常会有反弹。

14. 研究好个股,不需要关注大盘指数也可以成功吗

　　大盘指数是由市场中具有代表意义的企业股票组合而成的,通常具备引领市场的能力,当大盘指数见顶后下跌20%以上,市场会有八成的股票跟随下跌,覆巢之下,焉有完卵的道理谁都懂,即使基本面表现优异的个股也经常有下跌之灾。需要成长股、垃圾股、周期股甚至一些政策催动上涨的牛股会下跌75%以上,也就是人们常说的腰斩再腰斩。这种下跌有时候需要好几年才能恢复。

　　谁也不希望自己在市场赚钱以后陷入熊市把利润再吐回去,现实生活中谁都想体验过山车的刺激,但是股市里肯定没有人希望自己能体验到这种刺激。所以,在市场缓慢爬坡到相对高位时离场是最好的做法,因为一旦下滑,比上升的速度

要快得多。虽然近几年市场整体环境较好，有结构性牛市，但截至2021年，市场指数也就在3 500点附近，也没有真正意义上的大牛市到来。

所以，我们对个股的分析固然重要，但是对整个市场的分析也要重视，市场好时和市场不好时应该有不同的仓位和心态，交易更容易获得成功。

15. 何时卖出股票最好

每个人都期望自己能精准地卖出股票，但是我的投资经验证明，精准卖出股票远比精准买入股票要难上百倍，所以投资者在卖出这个话题上，不要过度追求完美和精准，不需要每次都对，只要你能获利了结就是正确的操作，卖出股票主要目的还是回避风险，不是为了追求波动的收益，因为资金在手，我们可以选择其他标的进行投资，并不是要求卖出的股票必须跌回来才能继续交易股票，这点投资者必须要悟透。

当个股进入第四阶段时，就要尽快寻找卖出机会了，甚至有经验的投资者在第三阶段末期就该预计到第四阶段到来了，早卖出远比晚卖出要强，不要贪图股票最后的疯狂，个股经常呈现金字塔的头部，就是到顶后突然下杀，顶部停留时间并不长，稍微不留意就会大幅度回撤。我们要做到就是不要在意它最后是如何疯狂，而是要回避风险，然后去寻找新的投资机会。

有些股票确实跌下去还会反弹回来，最终形成M头或者头肩顶形态才开始下跌，但是如果可能的话，你不应该去赌这个结果，因为这个形态需要很长时间来形成，浪费你大量的时间成本，更重要的是，如果没有形成就开始下跌，很有可能辛苦赚来的盈利会付之东流。

16. 应该集中持股还是分散投资

这不是一个非黑即白的问题，集中持股和分散投资是根据你的资金规模、投入时间和精力，认知能力等多方面来考量。

通常来说，集中持股是目前的主流思想，当你发现非常有优势的股票时，只投入5%的头寸是非常可惜的，你应该去紧密跟踪股票并且持续地加仓，把仓位加到更高的水平。我看到很多个人投资者都喜欢满仓某只个股，他们极度自信，主观地认为自己选择的股票就是最有潜力的个股，但大多数时候都不可能，甚至出现黑天鹅事件的时候损失惨重，我们要记住，1%的可能，如果降临到你身上，那对你就是100%的事件了，所以投资的安全性也要考虑到，追求回报的同时你必须把风险敞口做小，避免一辈子积累的成就一次性被毁灭。

如何把风险敞口做小呢？那就需要分散投资，虽然分散投资从理论上来讲会稀释你的投资回报，但是大量的数据表明，其实对你的投资回报是有很大的提升作用的，为什么呢？因为你选择的单一个股，大概率是不会选到牛股的，你见哪位大师只选择一只股票成功的，都是有自己的投资组合的，所谓集中和分散是针对组合中股票的数量，但是没有绝对的集中持股。这里假设你选择了十只股票，那其中选择到牛股的概率相对于单一个股的概率就会非常高，只要选择到牛股，再慢慢提升仓位，那就会有非常了不起的投资回报率，即使没有加仓，对你的投资组合回报率也是有积极影响的。

虽然目前主流思想是集中持股，但是彼得·林奇持有1 400多只股票一样取得了很少能相比的投资回报，我并不支持这么做，因为这么做需要的精力和投资回报率通常不成正比，我的建议是持股数为8～12只，单只个股持仓比例不要超过25%。这个数据不是我想出来的，是很多投资大师综合交流共同认可的，25%的头寸如果出现10%的下跌止损，那么对你整体组合的亏损是2.5%，这是非常容易接受的亏损，即使来不及止损，下跌30%，那对你的组合也只有不到10%的亏损。这样的话，我们整体的风险敞口就非常小，不会因为个股的黑天鹅事件一次性击垮我们的投资组合。持仓个股数量保持在10只左右可以让你的持仓更丰富、更灵活，对市场的感觉也更加全面，组合波动也可以控制得更小一些，波动影响人的心态，这点非常重要。当然，如果你刚开始投资股票，资金量非常小，选择1～3只股票才是最好的选择，这个时候我并不反对持有单一个股，但在学习和成长的路上，要避免这种心态。

仓位管理是股票投资非常重要的一课，我看到非常多的投资者深受媒体的思想误导，去持有单一个股，或者有人个股持仓高达60%以上，这和单一个股的区别并不大，这完全是在"赌"，也许这次运气属于他，他在几年内取得了非常好的成绩，但是运气总有用完的一天，一次意外就可能会让他前功尽弃，这种案例数不胜数。更可怕的是他们总觉得自己的认知非常领先大众，对个股的研究已经深到无人可比，主观性非常强，个股表现不好就是市场的错误，亏损惨重也认识不到自己的错误，这是非常危险的，因为我们都知道，人的认知是有限的，总有你认知不到的地方，而且黑天鹅无处不在。

最后补充一点，如果你对市场的经验已经非常丰富，精力也非常旺盛，资金量也有足够的规模，我也不反对股票的数量突破12只，也许15只或者20只更适合你，这需要你自己去衡量。

17. 个股投资肯定比ETF有优势吗

从理论上来讲，优秀的个股通常会比行业ETF上涨更多，如果能找到优秀的个股, 投资者是没有理由去投资ETF指数的, 那么ETF就无须理会吗? 我对ETF还是关注得比较多的, 经常也会起到省心、省力的作用。比如, 当白酒行业开始启动时, 你对白酒之前没有做过跟踪和研究, 面对众多的白酒股票也没有时间和精力去逐一比较, 那么买入白酒ETF赚取到整体的平均回报也未必是一件差事, 毕竟我们来这个市场是为了赚钱的, 不是为了比赛, 更不是为了证明自己的眼光比别人好, 选择的个股比别人出色, 赚实实在在的钱才是最重要的。

同样, 当新能源车这种新事物诞生时, 很多投资者都有认知盲区, 买入相关的ETF远比你去研究个股省心又省力, 毕竟市场的机会非常多, 人的时间和精力不是无限的, 你可以有更多的时间去做你更应该做的事情。

18. 止损重要吗

止损是个非常痛苦的决定, 因为它意味着你承认自己这次交易失败了, 要亏钱了, 很多投资者可能认为面子比金钱更重要, 不愿意接受失败, 而是选择了安慰自己, 继续持有股票, 并对周边的朋友说, 你看吧, 市场是错误的, 我肯定是对的。

止损就和买保险一样, 我们需要牺牲一些成本来规避可能的风险, 尤其在市场不好的情况下, 更要严格执行止损。这就好比你明明知道北方的冬天很冷, 你还要穿上短袖去过冬, 这就是在和自己过不去。

止损的点位通常来讲是8%, 也有5%和10%的, 我的经验是根据不同的情况来设置不同的止损点位。

当你在做突破时, 股价在相对高位, 这时候止损就要严格执行, 防止股价突破失败掉头而下，通常我喜欢设置5%或者前一个低点作为阻力位，跌穿以后哪怕只下跌三个点我也会卖出。但是在做低吸时，通常在股票底部，而且技术上已经企稳时我们才出手，这就可以适度地放宽止损，我通常可能会在10%左右或者前一个低点。

越低越买这种心态是非常危险的，有的股票就是跌着跌着就从优秀到平庸了，只有一种情况可以越跌越买，那就是对公司的发展非常有信心，之前的仓位也是试探性抄底，这次下跌正好有更好的机会买入，这时就可以适度加仓。但要注意的是：一是仓位不要超过25%；二是仓位加起来后股价如果继续下跌一定要止损离场，在冷静的情况下看看到底是谁错了，也许市场没有错，错的真是自己。

19. 如何面对错误的股票交易

每个投资者在选择好交易股票时都是充满信心的，觉得自己选择的股票必定会表现出色，但是往往事与愿违，你越看重一只股票，它就越表现不好，出现长期滞涨甚至下跌，这是非常常见的一件事，因为人性的影响，通常都不愿意承认自己的错误，会选择和市场对抗，这是非常失智的一种表现。

想要克服这种障碍，首先要做的就是严格坚持自己的交易准则，不能抱有侥幸心理，明明突破失败的个股，你却期望市场证明你选择的股票是对的，指望继续持有一段时间就可以重新突破成功，实际上有的股票高位一旦突破失败，可能就形成短期的一个高点，有时候甚至两年都不会再次突破这个高点。

严格执行自己的交易准则，说起来简单，但是做起来非常难，我不知道是不是每个人都能严格执行，但我也经常没有克服人性，没有严格执行，最后都演变成一次大的亏损，让我后悔不已。学会承认错误才是成功的第一步，这没有什么丢人的。投资者不仅要去面对错误，还要去面对失去机会和相对较低的投资回报率，这都让投资者非常困惑，总有你持续关注的个股，在起飞前你没有买入，眼睁睁地看着它失去了买点，总有朋友在某一个时间点买中涨幅巨大的股票向你炫耀，使你很没面子，感觉自己的投资能力不如对方，这些都需要去坦然面对，这几乎是每个人都会遇到的事情，你遇到并没有什么稀奇的，不害怕错过，不去对比才是最正确的心态。

以上问题是投资者在投资过程中最常见的问题和困惑，通过问答形式很直接地给出答案和应对方法，比单纯地讲理论和知识更加有效，也期望通过这些问题让投资者能更快地适应市场，形成自己成熟的投资股票交易系统，最终稳定持续地战胜市场。